特攻兵器「原爆」

水原紫織
Mizuhara Shiori

ヒカルランド

どうも日本は、1939年から1940年の間に世界で初めて核爆発に成功したことは事実であり、また、終戦直前まで核実験を実施していたようである。

1940年6月15日発行の米国物理学誌『フィジカル・レビュー』に掲載された同年5月3日付けの日本人の論文には、核爆発の証拠が記載されている。その証拠とは、死の灰とされるネプツニウム237を生成したことである。

世界で初めて核爆発が起きたのは、日本だった！

公称の原子爆弾の説明すべてが大ウソであると筆者は確信している。

その原子爆弾の実相を踏まえると、日本が自ら原子爆弾を爆発するしか爆発方法はなかったことが導き出される。

このように、広島のウラン爆発と長崎のプルトニウム爆発は、日本列島特有の自然環境と地理と、特攻隊員をフル活用した、一揃いの核実験だったということになるのだろう。

原子爆弾が米国発明の新兵器ではなかった。

しかし米国は、たった２発の新型爆弾で敵を無条件降伏させた世界最強の国という勝者の威光を手にした。

その一方で、被爆者に対する責任はない、という矛盾を背負うことになった。

そのジレンマからのほとばしりは、被爆者を調査した日系米国人医師を突き動かし、有用な情報を提供してくれる。

マッカーサー元帥「まさに日本人は世界の何人よりも、核戦争の意味を理解しています。理論上ではないですよ。彼らは亡骸を数え、そして葬ったのです。彼らは自らの意思で、戦争を禁止する条項を彼らの憲法に書きました。彼らの首相が私のところにやってきました。幣原《しではら》氏です。そして言いました、彼はとても賢い老人で、〝私は長い間熟考して、この問題の唯一の打開策は戦争を放棄することであると確信した〟と」

昇格する前の昭和天皇の階級は名誉職の英国陸軍大将（General）であった。

昭和天皇が英国の戦争省の正規軍の陸軍元帥に昇格したことを報じた1930年6月27日付けの『ロンドン・ガゼット』の原文を引用して和訳する。

戦争省　1930年6月27日発表

正規軍

ガーター勲章、バス勲章、ロイヤル・ヴィクトリア勲章の英国陸軍大将である裕仁天皇陛下、日本の天皇が、英国陸軍元帥に昇格。1930年6月26日付け。

原子爆弾は特攻でしか実現し得なかったことが
想像できる。
それは、マッカーサーの言葉通り、原子爆弾は、
「現代文明の自殺の手段になってしまった」と
いう一見意味不明なフレーズと見事に一致して
しまうのである。

こうした新事実に鑑《かんが》みると、広島（ウラン238）と長崎（プルトニウム239）の原爆、また戦艦大和の海上特攻（ウラン235）などを実施例とした原爆特許があるとしたら、その特許権は日本の発明者が持っていることになる。

カバーデザイン　重原　隆
校正　麦秋アートセンター
本文仮名書体　文麗仮名（キャップス）

——特攻兵器「原爆」◉目次——

第三章

第四章

英国首相の最高機密文書に「原爆は日本人に対して使用すべき」

第五章 世界初の核爆発は日本の核実験

第七章 広島と長崎の原爆はこうやって爆発させた

序　英国領、日本

英国君主が日本の支配者（外国の秘史）

前作の『もう一人の「明治天皇」箕作奎吾』では、日本列島で1000年以上も続いた民族間の差別問題が幕末に至って大逆転した日本の秘史と、そこに大きく関与した外国の秘史を詳述しました。

本書では、外国がそうした日本列島の弾圧されたマイノリティーを支配層に就けて利用し展開した近代・現代史の実相を探っていきます。そこで、すでに『もう一人の「明治天皇」箕作奎吾』で紹介した外国の秘史についてを紹介しておきましょう。

外国の秘史と言っても、『もう一人の「明治天皇」箕作奎吾』でその抄訳を掲載するまで日本語で紹介されたことがなかったというだけのことです。誰もがインターネットで検索できる英国の一級史料、英国官報『ロンドン・ガゼット』の記事です。1859年3月4日付けの記事（『もう一人の「明治天皇」箕作奎吾』p.249）に、日本が英国領になることが予告されているので、その抄訳を、同書249ページから引用します。

「1859年3月3日、バッキンガム宮殿の宮廷にて、枢密院における卓越した女王陛下より。（中略）いかなる国、あるいは女王陛下の領土外においても、女王陛下が現在有しているか今後有することになる権能と管轄権を、これまでに領土の割譲や征服によって得たのと同様で且つ十分な方法で、保持し行使し享受することを、陛下にとって合法とする法が施行される。昨年の8月26日に女王陛下と日本の大君それぞれの全権公使によって署名された修好通商講和条約は、合意されて結ばれた。前記の条約の批准書が交わされたら直ちに女王陛下は、日本の大君の領土において権能と管轄権を有するでしょう」（『London Gazette』1859年3月4日発行、発行番号22236、ページ番号989、抄訳）

ここに抄訳した条約名『修好通商講和条約』は日本語で説明された歴史には存在しません。

また、英国官報に存在する条約名『Treaty of peace, friendship and commerce, between Her Majesty and His Majesty the Tycoon of Japan』も、日本では紹介されていなかったようです。

ところが日本史上、1858年8月26日に調印されたことになっている英国との条約は、日本語で『日英修好通商条約』、英語で『The Anglo-Japanese Treaty of Amity and Commerce』と呼ばれています。

つまり、英国官報が言う日本との『修好通商講和条約』の批准書が交わされた日は、日本で言われる『日英修好通商条約』が批准された1859年7月11日ということになり、その日からヴィクトリア女王は、日本の大君陛下の領土において、領土の割譲や征服によって得たのと同様の権能（power）と管轄権（jurisdiction）を持つことになると言っていることになります。

ただし、その1859年7月11日から日本が完全にヴィクトリア女王の支配下に入ったのかというと、そう簡単にはいかなかったようです。

徳川幕府は、満12歳の将軍徳川家茂が署名押印して批准書を交わしたことで発効してしまった条約を、無効にすべく、「天子（孝明天皇）の署名と押印がないから、その条約はまだ発効していない！」と、ねばった。わかりやすく言うと、天子を尊び外国を追い払う「尊皇攘夷」という作戦です。

しかし痺《しび》れを切らした英国をはじめとする列強は、1865年11月4日、連合艦隊の戦艦9隻（英国5隻、仏国3隻、蘭国1隻）を兵庫沖に停泊させ、英米仏蘭の公使等が、孝明天皇に『日英修好通商条約』を含む各国との安政期の条約への批准を迫ります。

するとと孝明天皇のねばりも虚《むな》しく、満19歳になった将軍家茂たちが、孝明天皇を騙《だま》して条約の批准を取り付けたのです。

実際の1865年11月22日（慶応元年10月5日）の朝議の決定は、京都御所に最も近い兵庫の開港の拒否を意味する「兵庫ノ開港ヲ停ム」（『維新史料綱要．巻6』維新史料編纂事務局、昭和16－18、p.219）でした。にもかかわらず将軍家茂たちは、孝明天皇がその条約を批准しても天皇の意に沿わない条文は改正できると騙して、勅許を取り付けたわけです。

そうしてその2日後、老中と外国奉行と大坂町奉行等が、その条約に勅許が下りたと英米仏蘭の公使等に伝えてしまった（『維新史料綱要．巻6』維新史料編纂事務局、昭和16－18、p.221）。


それを受けたヴィクトリア女王の1866年2月6日のスピーチが、次の通り英国官報に記されています。

「日本において長い間未解決だった交渉、つまり駐日英国公使が日本駐在の同盟国の代表者たちと協力して素晴らしい手腕で誘導した交渉は、私の惜しみない賞賛に値する結論に至りました。既存の条約は、帝によって批准されたのです」(『London Gazette』1866年2月9日発行、発行番号23068、ページ番号753、抄訳　https://www.thegazette.co.uk/London/issue/23068/page/753)

なんと、日英の『修好通商講和条約』が、帝の批准をもって、1865年11月24日に、実際に発効してしまったのです。その日からヴィクトリア女王が、日本の大君陛下の領土において、領土の割譲や征服によって得たのと同様の権能(power)と管轄権(jurisdiction)を持つことになったわけです。

なお、この英国官報の記事を発見してお知らせくださったのは、『もう一人の「明治天皇」箕作奎吾』の読者であるK氏です。本当の日本史でもある外国の秘史を発見された功績をここに讃《たた》えますとともに、お知らせくださいましたことを深く感謝申し上げます。

では、いつまで英国君主は日本の支配者だったのでしょうか。

1899年2月2日の時点でもまだ、日本が英国領であったことがわかる同日付けの勅令が英国官報に記されています。「1899年枢密院勅令　清国と日本と朝鮮の特許等」(The China, Japan, and Corea (Patents, &c.) Order in Council, 1899.)の第一条に、大清帝国

（China）と大日本帝国（Japan）と大韓帝国（Corea）が、英国領（British possession）として記されているのです（『London Gazette』１８９９年2月3日発行、発行番号２７０４８、ページ番号６８２）。なお、この勅令は１９０７年2月11日に廃止されていますので、効力はその廃止の日まで続いていたことになります（『London Gazette』１９０７年2月19日発行、発行番号２７９９７、ページ番号１１９１）。

「ちょっと待てよ、おかしいぞ？」と、大きな矛盾が浮上するのを感じている方もいらっしゃることでしょう。日本が英国領であるならば、１９０２年1月30日に締結したはずの日英同盟は、どういうふうに受け止めたらいいのか、という矛盾です。

実は、英国官報『ロンドン・ガゼット』のサイト内検索で、１９０２年1月から１９０３年12月の2年分を、日英同盟に相当する英語のキーワード数種類で検索したところ、全くヒットしないのです。

つまり、日英同盟は虚偽であった可能性があるということです。

詳しくは、『もう一人の「明治天皇」箕作奎吾』の第6章「日本が英国領だったことを示す史料が存在した！」をご参照ください。

戦後も日本は英国領（米国国務省歴史課史料）

と、ここまでは、英国の一級史料によって、日本が英国領であることを説明してまいりました。今度は、米国の一級史料も覗いてみましょう。

米国国務省歴史課のウエブサイトに、日本が戦後も英国領であったことがわかる史料がありました。１９４７年3月14日付けの電報を電子テキスト化した文書です。

この電報は、日本駐在の対日政策アドバイザー（連合国対日理事会議長）の米国人アチソンから、米国国務長官に宛てられたものでした。その電報の内容は、アチソンが東京の連合国対日理事会で話したことを掲載する予定のプレスリリースの原稿です。次に、抄訳にて紹介します。

「日本の政策アドバイザー・アチソンより国務長官へ

東京、3月14日付け

［受信　3月18日午後11時半］

59．この司令部（ＧＨＱ）の広報室は、東京時間3月19日水曜日午前10時30分にプレスリリースを次の通り発行します。

『連合国対日理事会の米国側メンバーであり議長であるジョージ・アチソン・ジュニア大使が、米国帰国で見てきた通り、占領に対する米国の立場に関して、対日理事会に話した内容』という見出しでの、アチソン氏の話：

『（中略）米国の人々は、日本の人々が、日本を、真に民主的で協調的なイギリス連邦の一員に作り上げることを期待している。そのための実際の日本の政治的、経済的努力は、好意的な米国人の興味をそそり、援助を受け続けるであろう（以下略）』」（米国国務省歴史課ウエブサイト『FOREIGN RELATIONS OF THE UNITED STATES, 1947, THE FAR EAST, VOLUME VI』「740.00119 Control (Japan)/3－1447: Telegram」）

この抄訳の中で、日本が英国領であったことがわかる記載とは、傍線を引いた「イギリス連邦」（the commonwealth of nations）の箇所です。その当時のイギリス連邦の加盟国は、カナダ、ニューファンドランド（1949年にカナダに併合）、ニュージーランド、オーストラリア連邦、南アフリカ連邦、アイルランド（エール）であり、いずれも英国領から独立した国々という体裁です。つまり、イギリス連邦の一員になるということは、まだ独立していない英国領であることを意味するわけです。

また、小文字で表記された「the commonwealth of nations」を「イギリス連邦」と和訳した理由を説明しておきましょう。１９４７年当時の「イギリス連邦」の正式名称を綴《つづ》るときは、単語の頭を大文字にして「The British Commonwealth」または１９３１年のウェストミンスター憲章に基づいて「The British Commonwealth of Nations」と表記します。しかし、文中で二度目以降に書くときは、短縮した略語にして小文字で綴るのが英語表記のスタイルなのです。* 例えば「The British Commonwealth of Nations」は、文中で短縮して「British」（イギリスの）を略し、小文字で「the commonwealth of nations」と表記することができます。

＊Website of University of Colorado Boulder『Editorial Style Guide』「Capitalization」

ちなみに現在の「イギリス連邦」の正式名称は、そのスペルで、単語の頭を大文字表記した「The Commonwealth of Nations」ですが、これは１９４９年のロンドン宣言によって改名したものです。古い「イギリス連邦」とは違って、「British」の傘下というような関係性が排除され、英国とイギリス連邦のメンバーが平等になった格好です。

ここで興味深いことがわかってしまうのですが、この米国国務省歴史課ウェブサイトのページには、正式名称の「The British Commonwealth of Nations」を短縮した略語「the commonwealth of nations」があるにもかかわらず、そうした短縮形の略語を使う前に記されているはずの正式名称が同じ文中にないということです。

その理由は二つ考えられます。

一つは、この文書がプレスリリースの本文のみを書いた電報であることから、実際のプレスリリースの冒頭に記載すべき「問い合わせ先」が略されていたためではないかということ。このプレスリリースはアチソン議長が対日理事会で話したことのお知らせなので、その「問い合わせ先」には連合国対日理事会のメンバーである米国、イギリス連邦（The British Commonwealth of Nations）、ソ連、中華民国の代表者4名が連名で記載されていた可能性があるからです。

また、もう一つの理由として考えられることは、イギリス連邦の正式名称の「The British Commonwealth of Nations」を含む何らかの情報が、アチソン議長の話よりも前に記されていた可能性です。

どういう理由で、イギリス連邦の正式名称の「The British Commonwealth of Nations」を含む部分がその資料にないのかはわかりませんが、日本は1865年からずっと、1947年も英国領だったことになりそうです。

しかし、日本が英国領だなんて、とても日本の常識では受け入れ難いことです。筆者自身、正直なところ、

「もしも、日本が英国領だとしたら、本土大空襲や原爆はいったい何なのよ⁉」

「第二次世界大戦は『日本vs連合国』の戦争だったはず！　日本が英国領だったなんて、絶対にありえない！」

という疑問と否定が怒りとなって、思考が止まってしまいそうになります。

その通り、ありえない、そうであってほしい。だって、「国は民の命を尊く思っているに決まっている」「国が民を殺して得するはずがない」と信じている現代の国家観からしたら、絶対にありえないことです。

しかし、日本が英国領であったという英米の史料がウエブ公開されている以上、もし日本が英国領だったとしたら、日本は第二次世界大戦で何をさせられたのか、一度はそういう視点で歴史を振り返ってみないわけにはいかないように思うのです。

そこで本書では、原爆に焦点を絞って、近代・現代史の実相を探ってみようと思います。

第一章

原爆の写真と動画が語る新証言

国連ウェブサイトが広島原爆の写真に「A-Bomb Terror」（アトミック－ボム テロ）と記載

アトミック－ボム テロ

国連のウェブサイトに、「A-Bomb Terror」（アトミック－ボム テロ）と題して、広島原爆爆発2分後の原子雲の写真が掲載されている（画像1－1）*。

＊『United Nations Media』「UN Photo」Photo #64723
https://dam.media.un.org/CS.aspx?VP3=DamView&VBID=2AM94S2ADPTV&SMLS=1&RW=1147&RH=627

その写真（画像1－2）のクレジットには「UN Photo/Mitsuo Matsushige」（国連写真／松重三男）と記されている。また、その写真には次の説明が添えられているので和訳する。

「不気味なキノコ雲は、太陽を覆い隠し、広島の町や生き残った人々の上に死の灰と放射性破砕物を浴びせながら、数千フィートも空高く上昇した。

広島を覆うように噴出する原子雲、爆発2分後、午前8時17分。

1945年8月6日、広島、日本」（United Nations Digital Asset Management System『Library』「Photo #64723」より和訳）

ただしこの写真は、爆発2分後だからなのか、どの部分がキノコの傘の部分なのか判別できない。マッシュルームの形をしたキノコ雲とはどうも形状が異なって見える。

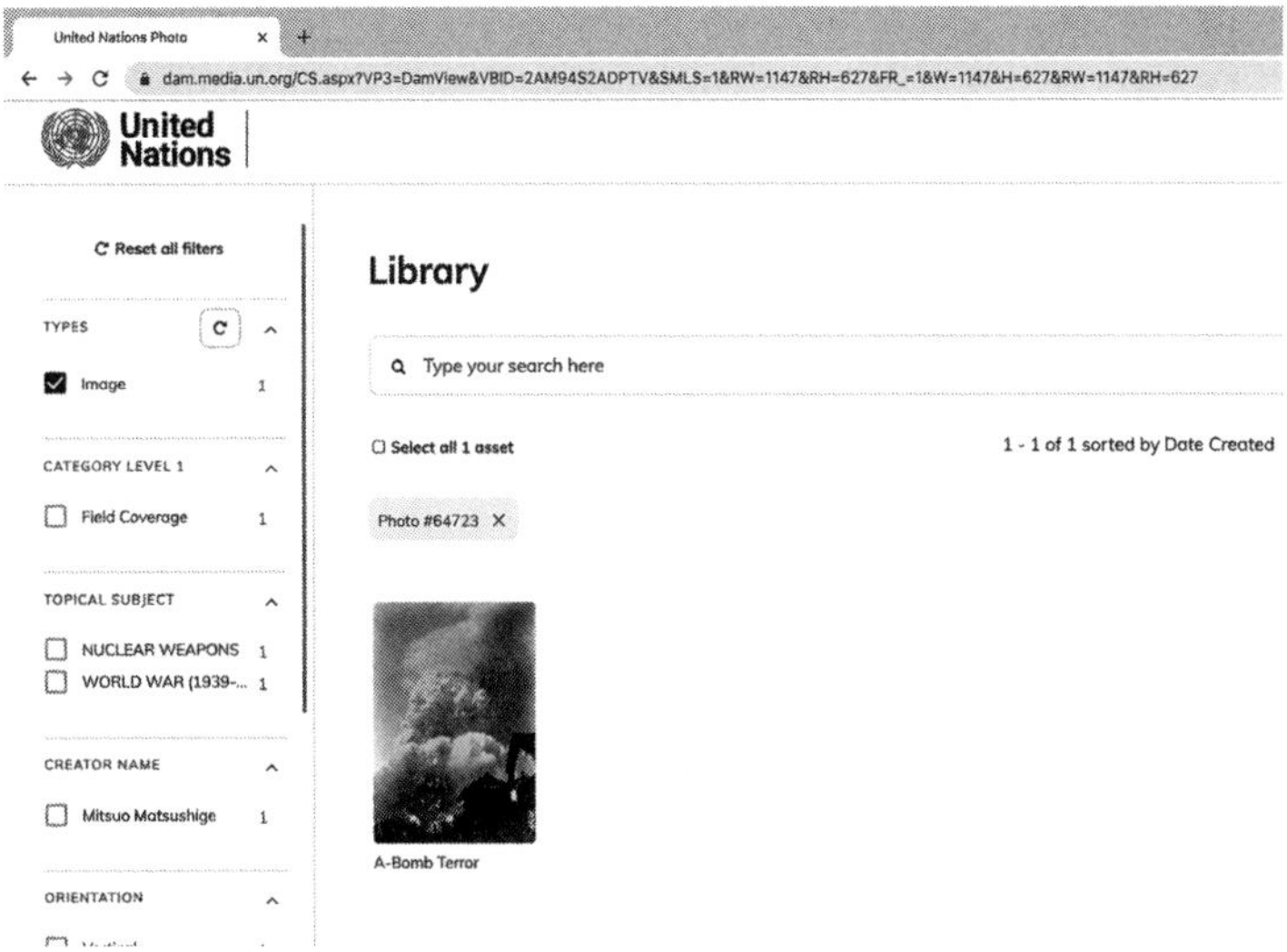

画像１－１　国連のウエブサイトの広島原爆の写真に「A-Bomb Terror」

撮影者は火球が尾を引くようにすごい速さで上昇するのを目撃

この写真を撮影した松重三男さんは、爆心地から約500メートル離れた広島市袋町に勤務していたレントゲン技師だ。ただし8月6日は、病気療養のため、爆心地から約7キロメートル離れた安佐群古市町の自宅にいたという。*

*『広島平和記念資料館　平和データベース』「被爆資料　識別コード：2104-0170」

当時の古市町は現在の広島市安佐南区古市に相当するため、この写真は、その自宅周辺から、南の方角に位置する爆心地の方を向いて撮影されたことがわかる。1945年8月6日8時17分の当地の太陽高度は約34度、太陽方位（東は90度）は92度である。* 写真右下に位置する木造家

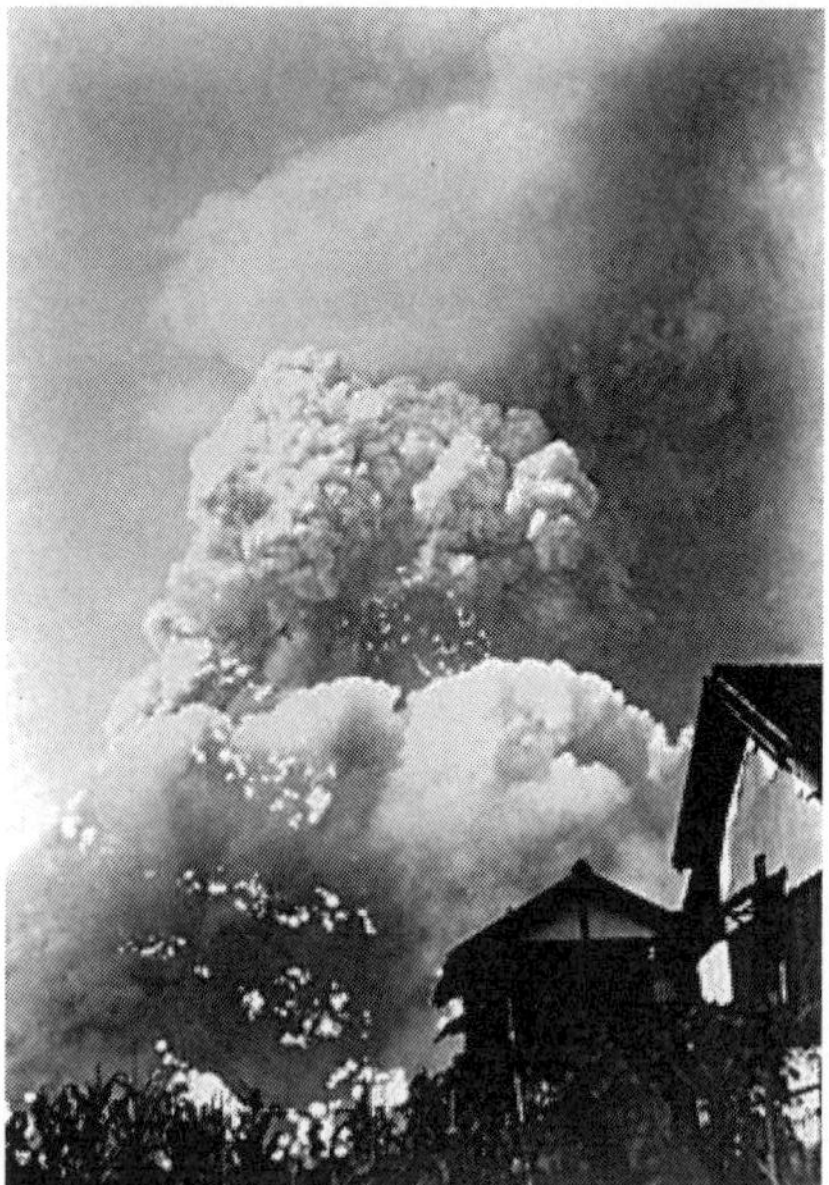

画像1－2　A-Bomb Terror（松重三男さん撮影、国連写真 デジタル資産管理システム）

屋は、向かって左やや斜め上から朝日を浴びている格好になる。

＊ＣＡＣＩＯウエブページ『ke!san』「太陽高度（一日の変化）」

そのときの松重三男さんの目撃証言には、核爆発現象の貴重な描写があるので紹介する。

「自宅にいた松重三男《まつしげみつお》さんは、ピカッと光った瞬間、屋外に飛び出し、上空にオレンジ色の火球が尾を引くようにすごい速さで上昇するのを目撃しました」（広島平和記念資料館　平和データベース』「被爆資料　識別コード：２１０４－０１７０」 http://a-bombdb.pcf.city.hiroshima.jp/pdbj/detail/155154）

なんと、松重三男さんは、ピカッと光った直後に「火球が尾を引くようにすごい速さで上昇するのを目撃」していた。火球というものは、上空に静止していたのではなく、すごい勢いで上昇していたことがわかる大変貴重な証言である。

なにしろ政府の説明では広島原爆の爆発高度も火球の高度も、６００メートルということになっているのである。例えば、広島市のウエブページ『原爆・平和―原爆被害の概要』に記された原爆の爆発高度は６００メートル。厚生労働省がウエブ掲載している沢田昭二教授の資料『原爆症認定の在り方に関する検討会─残留放射線と内部被曝』（2007年10月4日）の図に書き込まれた火球の高度も600メートルである。

しかし松重三男さんは火球が急上昇するのを目撃した。そしてその後に、原子雲を撮影することに成功したのだ。

しかも松重三男さんは放射線について専門知識のあるレントゲン技師であり、現象を観察するという科学的視点を持ち合わせている人物である。非常に信頼性の高い証言と言えるだろう。

原子雲の中の発光体は、原爆の材料が下から上昇した証拠

さらに、松重三男さんがカメラで捉えた爆発2分後の瞬間（画像1－2）も、写真で見える範囲ではあるが地表に最も近い部分から、原子雲が発光体を帯びて湧《わ》き上がるように上昇しているのがわかる。

なぜ原子雲が「発光体を帯びている」と判断したのかというと、その理由は、原子雲の中に位置する白い斑点の輪郭が、グラデーション状に外側に向かって明度を落としているからである。

またなぜ原子雲が発光体を帯びて「上昇している」と判断したのかというと、その理由

は、この白い斑点状の発光体のサイズが、原子雲の下方部よりも上方部の方が小さく写っているからである。

この発光体の発光継続時間は写真ではわからないが、上昇した原子雲の中にも発光体が存在していることから、少なくとも発光の原因となる物質が原子雲とともに下から湧き上がるように上昇したことがわかる。

なお、「発光の原因となる物質」とは何なのか？　それについて、中国新聞に説明があるので引用する。

「広島大大学院工学研究科の静間清教授（58）＝原子核工学＝に解説してもらった。〈中略〉『火球が膨張し中心温度が下がっていくことで赤や黄などに徐々に変化し、できた「雲」を通してその色が見えるんです』

なるほど。でも紫や緑に見えたという人もいるよね。

静間教授は可能性として、原爆の材料として使われた鋼鉄やウランなどの金属が放射線と熱に反応しピンクや緑に発光したり、ガンマ線が周りの空気と反応して紫に似た光を発したりすることを指摘する」（中国新聞ウエブページ、馬上稔子「（8・6探検隊23）きのこ雲には色が付いていた？」）

原子雲が帯びていた「発光の原因となる物質」は、「原爆の材料として使われた鋼鉄やウランなどの金属」であった。

つまり、この写真（画像1－2）には、「原爆の材料として使われた鋼鉄やウランなどの金属」が、原子雲とともに下から上昇した証拠が写っていたということになりそうだ。

広島平和記念資料館のそっくりな写真には発光体が写っていない

実は、この国連のウエブサイトが掲載するキノコ雲の撮影者と同じ松重三男さんが撮った広島原爆爆発2分後の写真（画像1－3）*が、広島平和記念資料館のウエブサイトに掲載されている。その写真について記された情報を一部引用する。

「〈前略〉

写真タイトル：きのこ雲

撮影者：松重 三男（マツシゲ ミツオ）〈中略〉

提供者：広島原爆被災撮影者の会〈中略〉

撮影日時：1945年8月6日　さく裂02分後

撮影場所：安佐郡古市町神田橋
爆心地からの距離（m）：7000〈以下略〉」（『広島平和記念資料館　平和データベース』）

ただ、不思議なことに、この写真（画像1－3）には白い斑点状に見える発光体が全く写っていない。その上、爆心地から7キロメートルも離れているというのに、撮影者のすぐ目の前のトウモロコシ畑らしき植物群や2階建ての木造家屋が、噴煙に包まれているように見える。

同じ撮影者が同時刻の爆発2分後に撮影した写真だというのに、どうしてこれほどの違いが生じたのかは謎である。

「A-Bomb Terror」の和訳

広島原爆の爆発2分後の国連の写真は、原子雲が発光体を帯びて下から上昇している瞬間だ

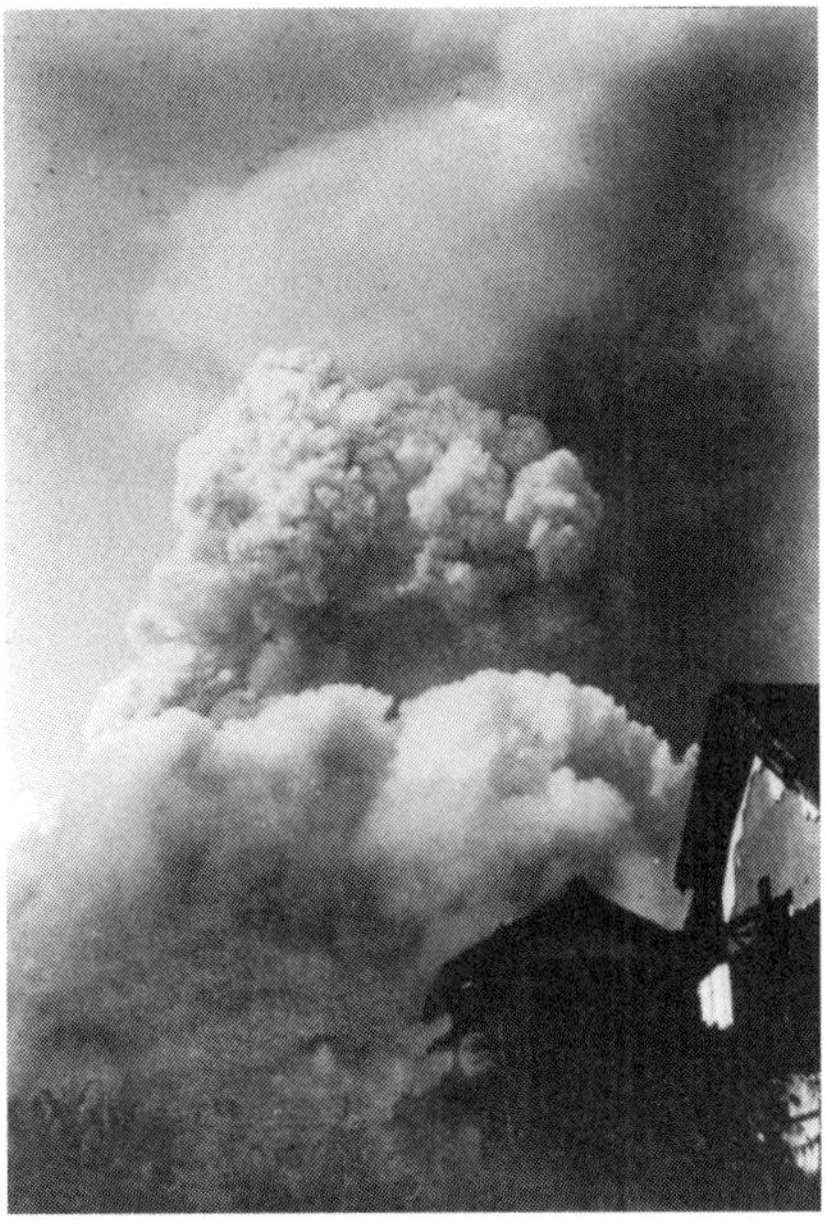
画像1－3　きのこ雲（松重三男さん撮影、広島原爆被災撮影者の会提供）

った。しかもその発光体は原爆の材料に由来するので、原爆の材料は上空ではなく、下にあったことになる。国連は、そのことを物語る写真を掲載しているのである。広島平和記念資料館がウエブ掲載している写真よりも、情報量ははるかに多い。

国連の写真から広島原爆の核爆発現象を観察しなければ、筆者は、「A-Bomb Terror」を「原子爆弾　恐怖」と和訳していたかもしれない。

しかしその写真を観察した今は、国連の広島原爆の見出しを「原子爆弾テロ」と和訳することになんの躊躇《ちゅうちょ》もない。

今や国連にとっても原爆は、禁止された悪である。国連の核兵器禁止条約は、２０１７年７月７日に日本や核兵器保有国などを除く１２２ヶ国の賛成をもって採択され、２０２１年１月22日に発効しているのだ。

広島原爆、元安川に爆発跡のクレーター？

1945年8月8日の写真にクレーターの端っこ？

広島の被爆2日後、1945年8月8日に撮影された写真（画像1－4）*に爆発後のクレーターのような跡が写り込んでいる。しかし、その前の月の7月25日に撮影された被爆前の写真（画像1－5）*には、そのような跡は見当たらない。

＊2015年8月14日付け NIKKEI STYLE『空襲直後の東京・広島　米軍撮影の空中写真が本に』に掲載された1945年8月8日撮影「米国国立公文書館所蔵米軍撮影空中写真　（一財）日本地図センター提供」

＊2015年8月14日付け NIKKEI STYLE『空襲直後の東京・広島　米軍撮影の空中写真が本に』に掲載された1945年7月25日撮影「米国国立公文書館所蔵米軍撮影空中写真　国土交通省国土地理院提供」

写真（画像１－４）に筆者が白線で丸く囲んだ上部に、クレーターのような跡が写り込んでいる。そこの河岸に、細く黒い寸断された直線があるのが見えるだろうか、石組みの護岸が残っている部分である。一方、同じく元安川を挟んで原爆ドームの対岸で、石組みが残っていない部分に注目したい。土が川になだれ込んでいるような跡がある。石組みの護岸

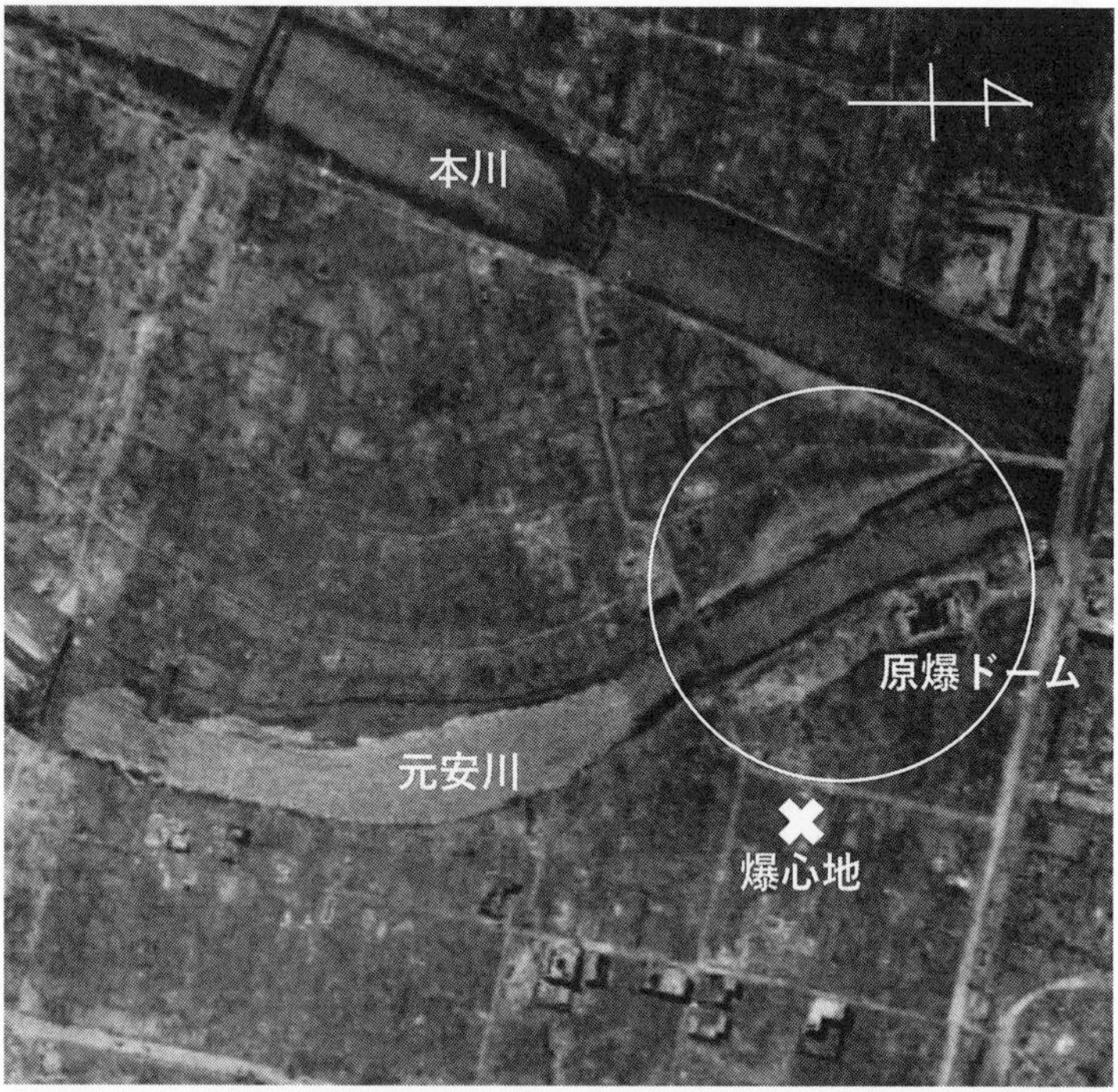

画像１－４　1945年８月８日米軍撮影（2015年８月14日付けNIKKEI STYLE『空襲直後の東京・広島 米軍撮影の空中写真が本に』に掲載された「（一財）日本地図センター提供の米国国立公文書館所蔵米軍撮影空中写真」／白線の丸と白文字や白い方位記号は筆者による加筆）

が大きく破壊されていることが確認できる。

なお、写真（画像1－4）の白線で丸く囲んだ外側左の川岸のラインも乱れているように見えるが、それは、引潮で露出した川底と陸地の違いが見分けづらくなっているに過ぎないと考えられる。それを科学的に裏付けるために、その写真の撮影された時刻の干潮・満潮の具合を、ウエブ上

画像1－5　1945年7月25日米軍撮影（2015年8月14日付けNIKKEI STYLE『空襲直後の東京・広島　米軍撮影の空中写真が本に』に掲載された「国土交通省国土地理院提供の米国国立公文書館所蔵米軍撮影空中写真」）

の自動計算機を使って割り出してみた。

まず、被爆2日後の写真(画像1-4)に写り込んだ影の角度から、太陽方位(南は180度、西は270度)をおおよそ240度と見なし、そこからその日の時刻を「keisan.casio.jp」を使って算出すると、1945年8月8日午後2時10分ごろの撮影と推察できる。また、その日の干潮時刻も、「keisan.casio.jp」を使って算出すると、午後3時57分ごろであることがわかった。

したがって、被爆2日後の写真(画像1-4)は、干潮の約2時間前に当たり、干潮に向かっている時間帯と考えられる。さらに、当時のこのあたりの元安川は、干潮時に川底がむき出しになる部分があることが、当時の川遊びの写真*(画像1-6)からわかる。

画像1-6　1945年8月5日以前の「広島 元安川」(広島八木トンボ堂発行の絵葉書)

＊絵葉書「The Hiroshima 100 views No.76 広島 元安川」広島八木トンボ堂発行

そこで、被爆2日後の写真（画像1－4）を、元安川左側（南側）の上（西側）の川岸近くの川底が露出していることを前提にして、被爆前の写真（画像1－5）と見比べてみる。そうすると、河岸と川底の境界線が、か細い黒い線として、しかし寸断されていないのが見えてくる。それが、このあたりの木造建築の土台を兼ねた石組みの護岸のラインである。

このように写真を解析することで、被爆2日後の写真（画像1－4）の元安川の左側（南側）の川岸には、護岸が破壊されて土がなだれ落ちたような大きな乱れはないことが観察できる。

地上塔起爆の核実験のクレーターは浅い

さて、核爆発でできるクレーターとはどんなものだろうか。そのイメージには個人差があるようなので、確認してみたいと思う。

参考にするのは、米国が１９４５年7月16日に行ったとされている地上30メートルの高さの塔＊でのトリニティ核実験。プルトニウムを爆発させた実験で、爆発のエネルギーは長崎原爆と同程度、ＴＮＴ換算で21キロトンだったとされる。またクレーターの深さは約１・２メートル、直径は約80メートルと測量された＊。

＊web page of the Office of Legacy Management, U.S. Department of Energy「Trinity Site - World's First Nuclear Explosion」

＊Los Alamos National Laboratory『Nuclear Weapon journal, issue No.2』2005, Robert E. Hermes「A New Look at Trinitite」

ちなみに広島原爆のエネルギーはＴＮＴ換算で15キロトンであったとされているので、このトリニティ核実験の写真（画像1－7）は、広島原爆よりも大きなエネルギーの核爆発でできたクレーターということになる。すり鉢状の深い穴はできていないが、土が削れた部分があることがわかる。

1945年9月1日の航空写真にはっきりと写るクレーターの端っこ

では、広島原爆の跡を撮影した航空写真で、クレーターの端っこに見えた部分を、別のアングルの写真で見てみよう。

米国国立公文書記録管理局が1945年9月1日に米軍が撮影した航空写真をウエブ公開しているので引用する。＊ただ、このままではクレーターの端に見えた部分がどうなっているのか見えづらいので、引用した写真（画像1－8）の中でクレーターの端に見えた部分を長方形の白枠で囲み、その部分を拡大した画像（画像１－９）を観察する。

＊「Here Is A View Of Hiroshima, Japan Showing Total Destruction Resulting From Dropping Of The First Atomic Bomb, August 6, 1945. (U.S. Air Force Number B58493AC)」National Archives Identifier: 204836086, Local Identifier: 342-FH-3A03392-B58493AC https://catalog.archives.gov/id/204836086

白枠を拡大した方の写真（画像１－９）を見ると、原爆ドームの対岸には、石組みの護岸がなくなってしまっている部分が２ヶ所あることがわかる。

画像１－７　トリニティ核実験　地上塔爆発のクレーター（ウィキメディア・コモンズより）

画像1－8　1945年9月1日米軍撮影の元安川（米国国立公文書記録管理局所蔵）／長方形の白枠は筆者による描き込み

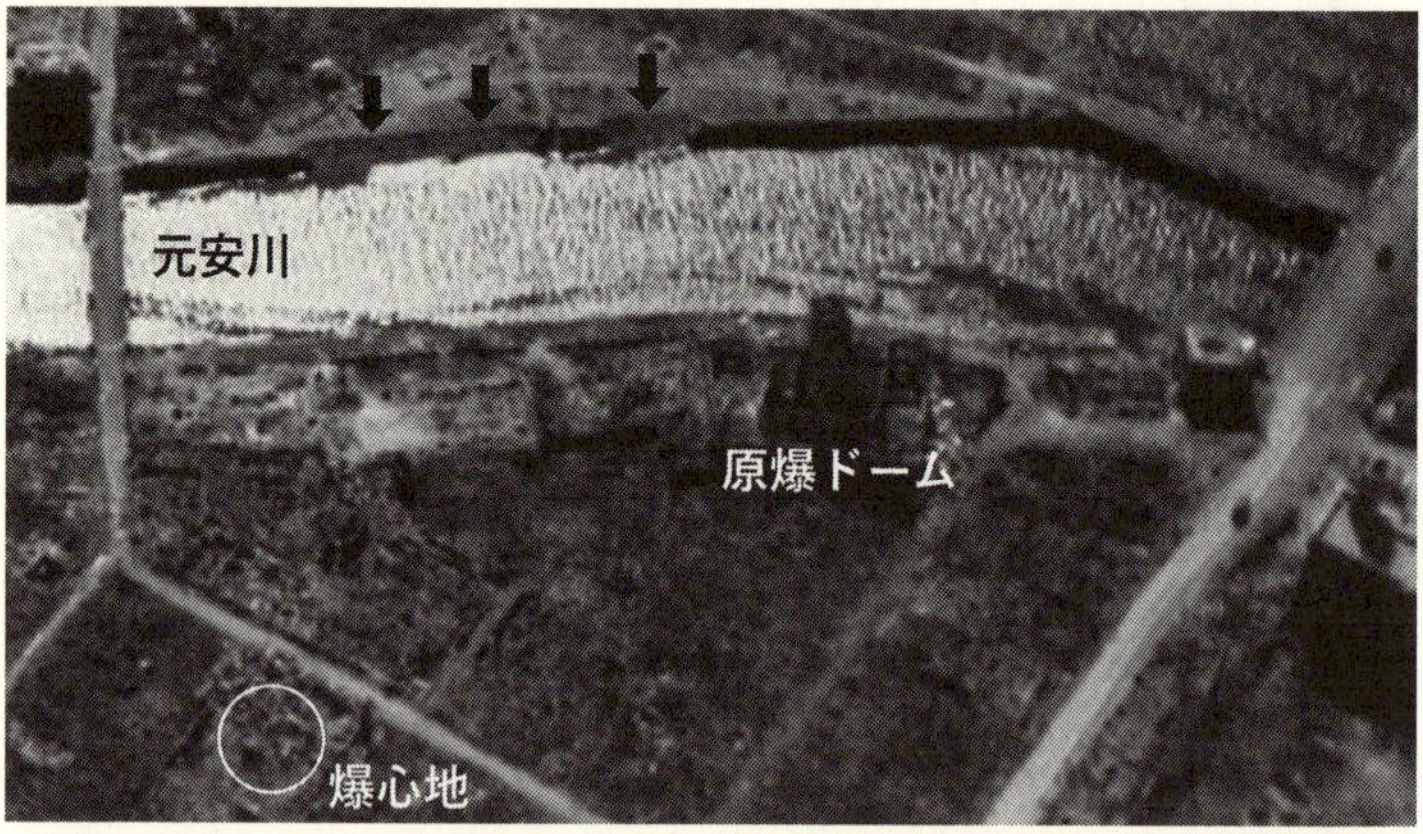

画像1－9　画像1－8の部分拡大／白丸、白文字、黒矢印、黒文字は筆者による描き込み

さらに、その2ヶ所の川岸の土地は、写真（画像1－4）で観察したような、護岸が破壊されて河岸の土が川になだれ込んでいるというのとは、ちょっと違って見える。石組みの護岸が河岸の土ごと吹き飛ばされて後退し、むき出しになった河岸の土が川の流れに浸食されてなだれ込んでいるように見えるのである。

1945年9月17日以降の広島の護岸崩壊の写真は、枕崎台風による被災

ただし、ここで留意しておかなければならないことがある。

それは、護岸の損壊や川岸の崩落といったら、大雨による氾濫が原因であることが知られているからだ。そこで、気象記録をウエブ検索してみる。広島は、1945年9月1日の撮影日までに大雨や台風に見舞われてはいないだろうか、と。

結果、そのような記録は9月17日までなかった。その日は枕崎台風*が広島を襲った日。焼けた広島の大地を湖に変えたほどの大洪水を招き、心身共に深い傷を負った人々を水責めにして、元安川を含む太田川水系沿いに多くの死者を出したことが記録されている。

つまり広島は、8月6日の被爆から9月17日の枕崎台風まで、川が氾濫して護岸を壊すような大雨には遭っていなかったのだ。

*『京都大学防災研究所年報　第35号　B－2』pp. 403－432、1992年、河田恵昭・御

前雅嗣・岡太郎・土屋義人「戦後の風水害の復元（1）―枕崎台風―」p.425

逆に言うと、1945年9月17日以降に広島で撮影された護岸損壊や川岸崩落の写真や映像は、原爆の影響の記録ではなく、枕崎台風の水害による被災記録である可能性が大きいということになるだろう。

爆心地から160メートル離れた大地をえぐり取った理由

原爆前の1945年7月25日から9月1日までの間に水害がなかったことを考えると、その間に石組みの護岸が消え去るほど川岸を改変できたのは、8月6日の原爆の影響であったと考えて差し支えなさそうだ。

そうなると気になってくるのが、爆心地とされる島病院跡に土が大きく削り取られた跡がないのに、島病院跡から約160メートル離れた河岸が石組みの護岸ごとえぐり取られていることである。

広島の原爆は、島病院の上空600メートルの高さで爆発したとされている。いったい、どういう力が働いたら、爆心地の土を削り取らずにピンポイントで原爆ドームの対岸をえぐり取ることができるのだろうか。

地上30メートル上空での核爆発が、真下の大地を深さ約１・２メートル、直径80メートルの円形に削り取ることを実証したのが、広島原爆よりも大きなエネルギーで爆発したトリニティ核実験のクレーターである。

仮に、トリニティ実験が、川幅約50メートルの元安川の上空30メートルで行われたとしたら、護岸と川岸の土地を削り取ることができたかもしれない。

また仮に、広島原爆と同じエネルギーであったとしても、元安川の水面に近い高度で核爆発が起きたのであれば、川岸の土を石組みの護岸もろともえぐり取ることができたのではないかと筆者は考える。

しかし仮に、トリニティ実験が、高度６００メートルで行われたとしたら、クレーターはできなかったであろうことは想像に難くないだろう。

つまり、トリニティ実験よりも小さいエネルギーで爆発した広島原爆が、公称通り高度６００メートルで爆発したのであれば、大地をえぐり取る力はなかった可能性が非常に高いと言うことができる。また、爆心地から１６０メートル離れた大地を護岸ごとえぐり取ることができた理由は、「広島原爆は元安川の水面近くで爆発し、火球はすごい速さで上昇したから」、と考えると辻褄《つじつま》が合う。

長崎原爆の爆心地は浦上川？

長崎原爆の爆心地の矛盾点

まずは、長崎に原子爆弾が投下された約15分後に撮影されたと言われる写真（画像1－10）を紹介しよう。爆心地から南西9・4キロメートルの旧長崎県香焼村《こうやぎ》（現長崎市香焼町）の造船所から写真技師だった松田弘道さんが撮影したものだ。*

＊「Atomic cloud over Nagasaki from Koyagi-jima by Hiromichi Matsuda」長崎原爆資料館所蔵、ウィキメディア・コモンズより

この巨大な雲の直下で何が起こったのか。公称の爆心地には、いくつもの腑に落ちない現象が存在する。そこで、その真相を探るべく、次にその矛盾点を洗い出してみる。

長崎の原子爆弾は、爆心地から約３００メートル離れた鉄筋コンクリートの橋を吹き飛

ばさずに、爆心地から約580メートル離れた鉄筋コンクリート製の橋を45メートルも吹き飛ばした①。

原爆の爆発前は、電車の電源のために電線を架け渡す架線柱が、線路をまたいだ「門」の字のような格好で立ち並んでいた。しかし爆発後の写真を見ると、爆心地のあたりの架線柱は並木のように立ち並んでいるのに、爆心地から南に260メートルを超えた地点から架線柱がなぎ倒されている②。

爆心地から約700メートルも離れたところで、熱線で焼かれて炭化したご遺体が撮影されている

画像1－10　長崎市を覆うキノコ雲　1945年8月9日（松田弘道さん撮影、長崎原爆資料館所蔵、ウィキメディア・コモンズより）

③。

爆心地についてしっくりこない点は他にもいくつもあるのだが、わかりやすい矛盾点を①から③まで3つ挙げてみた。

中でも①は、長崎原爆の爆発高度が500メートルであったという公称をも疑わせる矛盾を孕《はら》んでいる。

爆心地から約580メートル離れた大地と同じ高さの鉄筋コンクリートの橋を、500メートル上空から持ち上げて45メートルも飛ばしたことである。そんな力があるのなら、クレーターができてもよさそうなものだが、爆心地にそのような跡はない。

そこで、広島原爆の跡のようにクレーターに見える跡はないか航空写真で確かめてみたのだが、見つけられなかった。

では、いったいどこで起爆したのなら①から③の辻褄が合うのか、そういう視点で真の爆心地を探ってみようと思う。

まずは①から③で問題の場所を、原爆爆発後に米軍が撮影した航空写真*（画像1－11）に、白で記入する。

※原爆爆発後の長崎市の航空写真（白い文字と実線は筆者による加筆）

「Atom Bombing Of Nagasaki-Atom Bomb Damage In Nagasaki, Japan. (U.S. Air Force Number

A60522AC)」National Archives Identifier: 204836736, Local Identifier: 342-FH-3A03636-A60522AC https://catalog.archives.gov/id/204836736

①竹岩橋と簗橋を損壊した爆風は爆心地の方角からではなかった

爆心地から約580メートル離れた鉄筋コンクリート製の橋の名は、竹岩橋である。爆心地の南方向に位置する。

その橋の破損状況について、長崎原爆資料館がメールで説明くださったところによると、東岸に面した橋桁の一部が南側に転倒し、橋床は45メートル南の下流に吹き飛ばされ、残ったのは橋脚のみであった。確

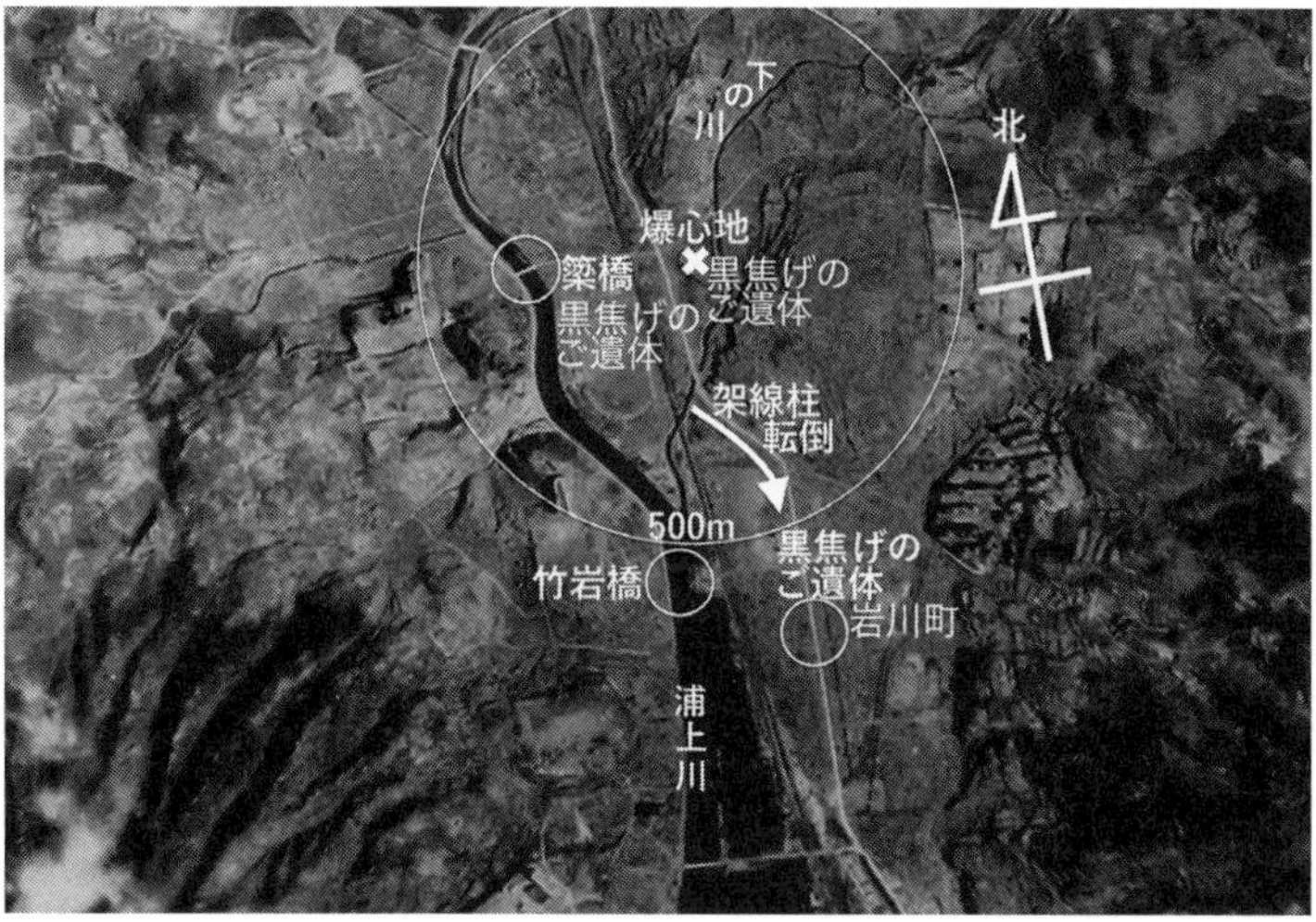

画像1－11　原爆爆発後の長崎（米国陸軍撮影）／白い文字・記号・円は筆者が描き込んだ

かに、長崎市の原爆爆発の約1ヶ月後に米軍が撮影した写真（画像1－11）を見ると、中央を北から南に流れる浦上川に架かっていたはずの竹岩橋の位置に、橋が見当たらない。竹岩橋は北方向から橋床をめくり上げて飛ばすことができるほど、低い位置から爆風を受けたことが想像できる。

一方、爆心地から約300メートル離れた鉄筋コンクリートの橋の名は、簗橋《やなばし》である。爆心地から西方向に位置する。その写真（画像1－11）を見ると、爆心地方向からの風の流れに沿って橋が架かっていたことがわかる。これなら風の抵抗は少なかっただろうという想像もできる。

しかし、この簗橋には爆心地とは異なる方向から力が加わったことを示唆する証拠が残っている。2012年の長崎新聞に掲載された、当時10歳の下平作江さんが、原爆爆発の翌日に簗橋を渡ったときの橋の様子を語った証言だ。

「簗橋は、コンクリート製の手すりの片方が全て川に崩れ落ちており、もう片方は半分が壊れて橋の上に散乱していた。一方向から大きな力が加わったことが分かった。橋には複数の黒焦げの死体が転がっており、〈以下略〉」（長崎新聞2012年7月26日『この場所で刻まれた原爆の記憶3』 https://www.nagasaki-np.co.jp/peace_article/2662/)

「一方向から大きな力が加わったことが分かった」とは、どっちの方向からなのか。本当の爆心地を知る手がかりになりそうだ。東西の川岸を結ぶ線上に架かった簗橋には、当然だが、手すりも東西に渡されていた。つまり、東西に渡された手すりは、橋の路面の北側と南側に付いていることになる。そしてその手すりは、北側か南側の一方が川に落ち、もう一方が橋の路面に散乱していたというのだ。このことは、南か北のいずれかの方向から大きな力が加わったと証言していることになるのではないか。

では、米軍が撮影した被爆後の簗橋の写真＊(画像1－12)を見てみよう。写真の手前に写って

画像1－12　「原爆の破壊に耐えた簗橋と城山国民学校」P.S. ヘンショー撮影、(公財)長崎平和推進協会写真資料調査部会提供

いるのが簗橋、その奥に写っているのが城山国民学校である。写真の中の方角は、向かって右が北、左が南、城山国民学校は西に位置する格好だ。

*「原爆の破壊に耐えた簗橋と城山国民学校」P.S.ヘンショー撮影、(公財)長崎平和推進協会写真資料調査部会提供

この簗橋の下を流れているのが、長崎市を北から南に流れる浦上川である。

下平さんが原爆爆発の翌日に橋の上で見たときは、片側の欄干の手すりは半分残っていたと言うが、米軍が撮影したときはもう手すりはない。壊れて橋の上に散乱していたはずの手すりも、少し写り込んでいる橋の上には見当たらない。米軍の撮影時に欄干の構造の中で残っていたのは、写真に写っている範囲では、南側(写真の左側)の欄干の西端と東端に立っている親柱、北側の欄干の西端に立っている親柱。そして東西の親柱の間に2本ずつ立っている束柱。南側と北側の欄干の低い壁状の部分の上に載っている笠板。ただし、それらには、損壊が見られる。

写真に向かって左(南側)から説明していこう。

・南側の欄干の、西側の岸に近い低い壁状の部分の上に笠板がない。

・南側の欄干の、左から2本目の束柱の頭部が欠けている。
・南側の欄干の、東側の岸に近い親柱の頭部が欠けている。

一方、北側の欄干は写真に写っている範囲では、笠板も親柱も束柱も無事である。つまり、北側の欄干よりも南側の欄干の方が損壊が大きいのだ。

したがって簗橋には、南側から、欄干の親柱と束柱の頭部、笠板や手すりを吹き飛ばすほどの力が加わったことがわかる。またこの力は、東の爆心地から加わったのではないこともわかる。

しかも、簗橋の背後に写る城山国民学校も、南端部分が崩壊しているのがわかる。一方、爆心地の方を向いている東側の壁面は外形をとどめている。

この建物を上から見ると「丂」の字を左右反転したような形をしており、上方が南を向いている格好だ。崩壊している部分は「丂」の上部「T」の「一」の端にあたる。

この写真に写っている簗橋と城山国民学校の爆風による破壊状況を見ると、爆風は、東の爆心地からではなく、南方向から吹いてきたことになる。

②爆心地の架線柱は倒壊せず、爆心地から265メートル以南で軒並み倒壊

架線柱とは、電車の電源となる電線を線路の上に架け渡す、門構えに似た構造物をいう。その架線柱が倒れていたり無事だったりする様子が、原爆爆発後の複数の写真に写り込んでいるため、本当の爆心地を知る手がかりになりそうだ。

爆心地近くの架線柱の状態がわかる写真がある。山端庸介さんが原爆爆発の翌日に撮影した大変貴重な写真だ。長崎原爆資料館に展示されているのだが、残念なことにその写真は本書に掲載することができない。そこで、その写真が記録した原爆爆発後の架線柱の状態と、その位置がわかる風景を、イラストに描き起こしてみる。

イラスト(画像1－13)の右端から中央に向かって、やや左肩上がりに6基立ち並んでいるのが架線柱だ。それらは、私鉄「長崎電気軌道」の線路をまたぐように立ち並んでいる。その向こう隣には蒸気機関車が走る国鉄の線路が並走し、さらにその向こうには少し離れて浦上川も並んで流れているという位置関係だ。架線柱が並ぶ線路

画像1－13　爆心地付近から見た南西方向の風景

の先、左方向に見える数本の縦線は、三菱長崎製鋼所や三菱重工業長崎兵器製作所の煙突である。

山端庸介さんの写真では、ちょうどその煙突の風景の手前あたりで、架線柱は見えなくなっている。そこは、「下の川」が浦上川に流れ込む手前で、長崎電気軌道と国鉄の線路を横切る地点だ。つまり、その交差する地点には、蒸気機関車が通過する国鉄の鉄橋と電車が通過する私鉄の鉄橋が並んでいる格好だ。この鉄橋あたりの私鉄の架線柱はどういう状態なのだろうか。

そこで次に、「国鉄　下の川鉄橋」から北方向の爆心地を振り返って見た写真（画像１－14）*と、「長崎電気軌道　下の川鉄橋」から南方面を写した写真（画像１－15）*を比較してみよう。

画像１－14　「下の川国鉄鉄橋」（米軍撮影、長崎原爆資料館所蔵）に写る北の爆心地方向の風景

＊長崎原爆資料館所蔵、「下の川国鉄鉄橋」米軍撮影
＊長崎原爆資料館所蔵、「下ノ川電車軌道橋」林重男さん撮影

「国鉄 下の川鉄橋」から北方向の爆心地を振り返って見た写真（画像１－14）には、一番手前に「下の川」を渡る「国鉄 下の川鉄橋」、その向こうに「長崎電気軌道 下の川鉄橋」、一番奥に「下の川橋」が写っている。

この「国鉄 下の川鉄橋」を渡って北方向270メートルのところが爆心地である。架線柱は、写真の右に位置する「長崎電気軌道 下の川鉄橋」から左に向かって、国鉄の線路と並行して立ち並ん

画像１－15 「下ノ川電車軌道橋」（林重男さん撮影、長崎原爆資料館所蔵）に写る鉄橋より南方向の風景

でいる。つまり、先の山端庸介さん撮影の爆心地付近の写真に写り込んでいた架線柱は、下の川鉄橋までの区間において、倒れていなかったことがわかる。

一方、「長崎電気軌道 下の川鉄橋」から南方面を写した写真（画像1－15）には、鉄橋の向こうに倒れている架線柱が写っている。

しかし無事に立ち並んでいる架線柱をはっきりと捉えるのは難しい。そのため架線柱が倒れているのはどれくらいの区間なのかは見当がつかないが、少なくとも爆心地から265メートル南に離れた「長崎電気軌道 下の川鉄橋」の南岸以南で架線柱が倒れていたことは確かだ。

このことから、爆風の力は、爆心地よりも、爆心地から南に265メートル以上離れた地域の方が強かったことがわかる。本当の爆心地は、もっと南であった可能性が推察できる。

③爆心地以南700メートルまで火災によらない黒焦げのご遺体

②で説明した、爆心地近くの架線柱が立ち並ぶ山端庸介さんの写真には、炭化した数名のご遺体が写っている。

この写真について長崎原爆資料館が付けた題名と説明は「翌日の爆心地付近：この付近

の建物は完全に燃え尽きた。ローラーで押しつぶされたような瓦礫の中に、黒焦げの焼死体が転がって居た」とある。

さらに、長崎の原爆爆発の翌日、西部軍管区司令部報道部員の山端庸介さんが、爆心地から南に700メートルの岩川町で、黒焦げになった少年のご遺体を2体撮影している。

1体の写真（画像1－16）*を掲載しているウィキメディア・コモンズは、その写真を「Carbonised child」（炭化した子ども）と題している。また同じ写真について、長崎原爆資料館は、「黒焦げとなった少年」と題して、「爆心地より南に約700mの岩川町。爆風で吹き飛ばされたものとみえ、裸になっている」と解説している。つまり、建物の火災ではなく、熱線で黒焦げにされた被害者だ。

＊Yosuke Yamahata「Carbonised child」August 9, 1945 (Wikimedia Commons)
https://commons.wikimedia.org/wiki/File:Nagasaki_-_person_burned.jpg

もう1体の写真について長崎原爆資料館は、「熱線で焼かれた生徒」と題して、「岩川町の路上。爆風で倒され、そして焼かれたのであろう。左足の靴は飛ばされ、電柱の碍子《がいし》が肩に焼きついていた」と解説している。この少年も、建物の火災ではなく、熱線で黒焦げにされた被害者だ。

旧岩川町は、航空写真（画像1－11）に示した竹岩橋以南の東岸に面した地域であり、爆心地から700メートルも離れている。しかし、「熱線による人的被害」と題された長崎原爆資料館の説明には、「爆心地付近では、あまりの高熱に一瞬のうちに身体が炭化し、内臓の水分さえ蒸発したと考えられている」とあることから、地形を考慮しても納得できない喉越しの悪さが残る。

なお、原爆の爆発後は火災が発生していたことが知られているが、建物の火災ではなく、原爆の火球から発せられた熱線で黒焦げにされたと考えられる被害者のご遺体の写真は、爆心地以南で撮影されたものが残っているようだ。

また、①で紹介した、原爆爆発の翌日の

画像1－16　爆心地から南方約700m「炭化した子ども」（山端庸介さん撮影、ウィキメディア・コモンズ）

簗橋の様子を説明した下平さんの証言にも、「橋には複数の黒焦げの死体が転がっており、」とある。爆心地の西側300メートルの地点にも、建物の火災の跡ではない鉄筋コンクリートの橋の上に、黒焦げのご遺体があったことがわかる。

つまり、原爆の火球の熱線により黒焦げにされた被害者は、北端が爆心地付近の人であり、南端が爆心地から700メートル南にいた人であった可能性が考えられる。もしこの想定が妥当であるならば、本当の爆心地は、火災によらず熱線で黒焦げにされた被害者の出た北端と南端から等距離の位置にあった可能性が浮上する。

長崎原爆の本当の爆心地

さて、①-③のしっくりこなかった理由が出揃《でそろ》ったところで、次に要約して整理してみる。

①竹岩橋は北方向から低い位置から爆風を受けた。
簗橋は南方向から爆風を受けた。
②架線柱は、爆心地よりも、爆心地から南に265メートル以上離れた地域の方が強い爆風を受けた。
③建物の火災ではなく、熱線によって黒焦げにされた被害者のご遺体が撮影された場所は、

爆心地付近から700メートル南まであった。また、建物の火災によらない黒焦げのご遺体は、爆心地から300メートル西にもあったという証言がある。

これらの①から③を踏まえて、爆心地がどこであったならば、①-③の結果に至ることが矛盾なく腑に落ちるのか、本当の爆心地を地図上から探ってみようと思う。試しに、黒焦げのご遺体の写真が残る北端と南端を含む3点から等距離の点を割り出してみる。

それは画像1-11に次の3点を描き込んでいき、爆心地を割り出す画像1-17を完成する方法である。

その3点は、1点を爆心地、1点を爆心地から西に300メートルの簗橋、1点を爆心地から南に700メートルの岩川町とした。すでに1点の爆心地には、航空写真に×印を付けて半径500メートルの円を細い白い実線で描き込んである（画像1-11）。さらに画像1-17では、他の2点も、それらを中心に半径500メートルの白い点線で円を描き込み、3点から等距離に位置する点を割り出し、白い丸印を付けた。さらにその白い丸を中心に、太めの実線で半径500メートルの円を描き込んでみた。

なんと、この太めの円の中に、熱線で黒焦げにされた被害者のご遺体のあった場所がすっぽり収まった。

またこの白い丸を本当の爆心地と想定すると、しかも低い位置から爆風が吹いたとすると、①の竹岩橋の橋桁の上に載っていた橋床がめくり上げられ45メートル南に飛ばされたことと辻褄も合う。簗橋についても、欄干の南側の親柱と束柱の頭部が吹き飛ばされたことと辻褄が合う。

　さらに、架線柱が転倒したあたりも、公称の爆心地より本当の爆心地と思しき白い丸に近いことから、矛盾が解消される。

　長崎原爆の本当の爆心地は、白い丸で印を付けた浦上川だったのかもしれない。

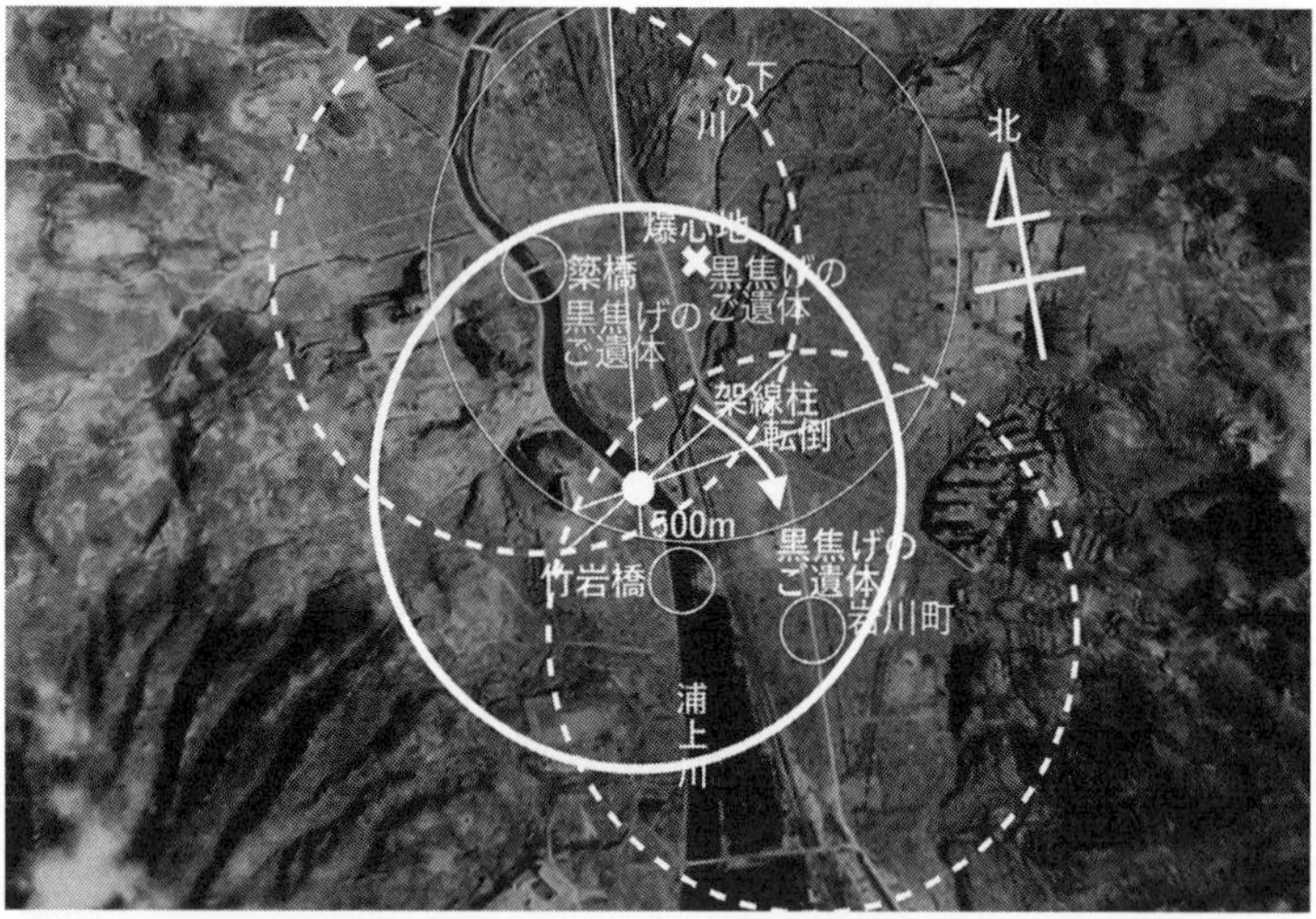

画像１－17　画像１－11を元に割り出した爆心地を白丸で記した

浦上天主堂は50トンの釣り鐘ドームを支える耐震構造なし

長崎原爆で破壊された建造物は、公称の爆心地から500メートル北東に位置する赤煉《あかれん》瓦《が》造りの浦上天主堂（画像1－18）が有名である。しかし、筆者が本当の爆心地として割り出した地点からは、北東に850メートルも離れたところに位置する。850メートルも離れた爆心地からこれほど立派で重厚な建造物を破壊できたはずがない、と考えるのは自然だろう。

そこで想像していただきたいのが、この天主堂の正面玄関の両サイドにそびえる高さ26メートルの二つの鐘楼の耐震構造である。

1895年に信者の手で建設が始まり、鐘が吊るされて完成したのは1925年であった。*また、長崎は江戸時代の1828年（文政11年）に長崎地震（マグニチュード6）に見舞われて以来、1945年8月9日に至るまでの117年間に大きな地震の記録はない。*つまり、浦上天主堂に鐘を吊るした1925年は長崎地震から約100年も経っていたため、地震の心配をしていなかった可能性が考えられる。

なぜなら、鐘楼の屋根は、金属製のドームでできていて、それぞれが約50トン*（5万キログラム）もある。さらにそのドームの下には、木の梁を渡して釣り鐘が吊るされている

画像１－18　長崎原爆で崩壊する前の浦上天主堂

のだ。今日の日本では考えられないような、耐震構造を無視した構造であったことがわかる。なお、鐘楼の塔の建材は鉄筋コンクリートであったとされている。

また、高層建築には風揺れという現象が起こることが知られている。筆者は香港ならではの高層マンションに暮らしているのだが、毎年台風のたびに大きなブランコに乗っているような風揺れに不安なひと時を過ごす。建築士に質問すると決まって、「揺れるように設計しているので心配ない」と笑われる。高層建築には風揺れという現象が起こることを踏まえると、地震の心配がなかった当時の長崎で、頭がとてつもなく重い塔が、どれほど風揺れに弱いか想像するのはたやすいだろう。

筆者は、浦上天主堂が倒壊したメカニズムについて、こう考える――頭がとてつもなく重い26メートルの双塔と、それをつなぐようにそびえ立つ大きな壁が、ヨットの帆のように爆風を受けたことによって生じた激しい風揺れによる、連鎖的な倒壊だったのではないかと。

＊長崎市ウエブページ、浦上天主堂再現プロジェクト『浦上天主堂再現プロジェクト』p.2

＊長崎県ウエブサイト「検討すべき地震の候補」

＊西日本新聞「地獄の中を逃げる　腕の皮膚は垂れ下がったまま　原爆を背負って(6)」２０２０年7月13日

ここまで推察した長崎原爆の爆心地の異説については、あくまで想像の域を出るものではないが、長崎原爆の公称の爆心地に疑いの目を向けていただくには十分だったのではないだろうか。長崎原爆の爆心地や高度が誤りであった可能性は、第六章で科学的根拠をもって論証していく。

長崎原爆の米製記録映像は爆心地が黒ベタで隠されている

長崎原爆の米製記録映像には左右反転ヴァージョンが複数存在

長崎原爆の、やや赤みを帯びた火球を上空から撮影したカラー映像は、日本人の誰もが一度は見たことがあるのではないだろうか。

その映像は、16ミリカラーフィルムに収められ、左右逆の映像を含めて複数のヴァージョンが存在する。

そうした長崎原爆の空撮映像は、例を挙げると、「U.S. Navy film #2586 "Nagasaki Burst."」（米国海軍フィルム #2586「長崎爆発」）、スタンフォード大学フーバー研究所所蔵「Harold Agnew Atomic Bomb film」（ハロルド・アグニュー原子爆弾フィルム）、またそれらとは左右逆のヴァージョンとして、ＡＰ通信のアーカイブ「(31 Dec 1954) Story 3 18 CS 9550 - Nagasaki Colour Silent 1945」（１９５４年12月31日）、２０１４年6月6日フランス主催「ノルマンディー上陸作戦70周年記念式典」で映写された映像、他がある。

爆心地が黒ベタで隠された公式な空撮映像

長崎原爆の空撮映像が左右逆のヴァージョンはどちらがオリジナルなのかは後ほど明らかにするが、それらの映像には、さらに信頼性を大きく欠く特徴がある。よく見ると、ヴァージョンを問わず、共通の不可思議な黒ベタの部分があるのだ。

そのことに気づかせてくれたのは、どのヴァージョンにも落下していく原子爆弾の映像や、その背景として写り込んでいるはずの爆発直前の地上の風景の映像、また爆発の瞬間として証言される「ピカッ」の映像、そういった原爆を米軍が投下したことの証拠となる映像が、存在しないことである。そのことによって、何か隠したい部分があるのではないかという懐疑的な視点が私の中に生まれた。

それらの記録映画には、強い可視光は発さないが、まだ赤みが残る火球が突然出現するものと、その火球出現のシーンの前の白い巨大なリング状の雲の映像から始まるものとがある。しかも爆心地は黒ベタで隠され、続いて黒ベタが後退していくと、突如宙に浮いた火球を見せるのである。まるで、突然空中に火球が現れたかのような錯覚をさせる映像に仕上がっているのだ。解析すると、そうではないことがわかったので、説明する。

①白い巨大なリング状の雲は爆発の12秒後

まずは、核爆発後の空に出現する白い巨大なリングとはどんなものかを紹介しておこう。『原子力百科事典ATOMICA』の「核実験」の項で引用された米国サンディア国立研究所所蔵の写真「図3　トリニティサイトの核実験によるクラウドの発生状況」（画像1－19）*がわかりやすい。長崎原爆と同じくプルトニウムを爆発させたトリニティ核実験では、爆発の12秒後に地上3キロメートルあたりに白い雲が出現し、上昇しながら次々にリング状に拡大して細くなっていくのがわかる。

*国立研究開発法人日本原子力研究開発機構『原子力百科事典ATOMICA』「核実験」―「図3　トリニティサイトの核実験によるクラウドの発生状況（出所：米国サンディア国立研究所）」https://atomica.jaea.go.jp/data/pict/09/09010104/06.gif

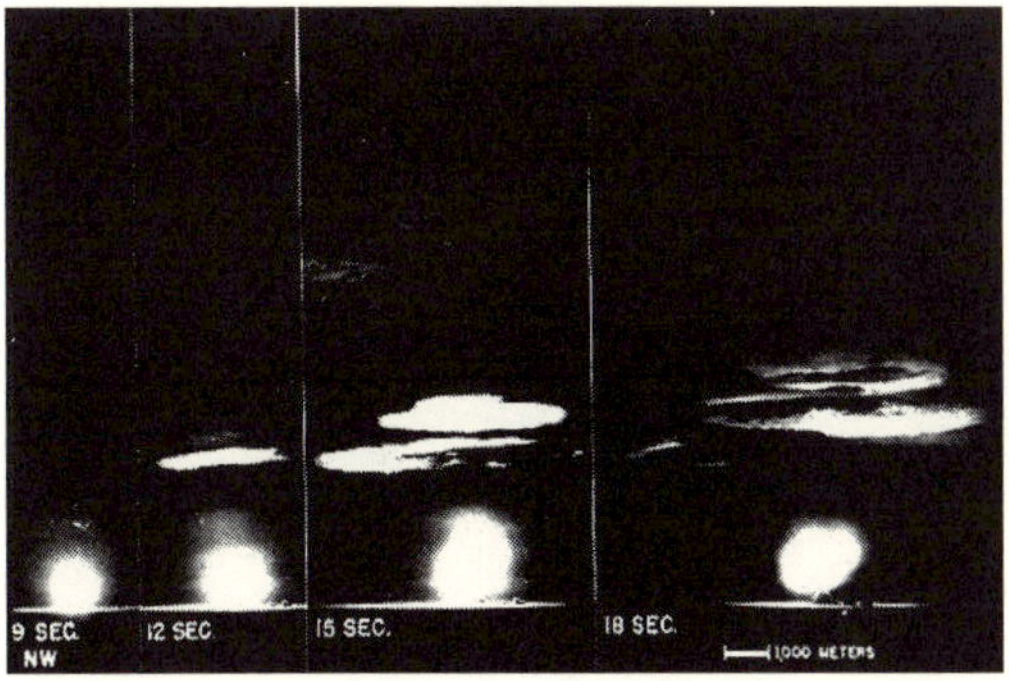

画像1－19　トリニティ核実験で発生したリング状の雲（米国サンディア国立研究所所蔵、国立研究開発法人日本原子力研究開発機構『原子力百科事典 ATOMICA』より）

このトリニティ核実験の画像を参考にすると、リング状の巨大な雲は爆発の12秒後に出現したことから、長崎原爆の場合は少なくとも爆発時の眩しい「ピカッ」が消えてから出現していたことがわかる。

②画面を覆う黒ベタ

では、白い巨大なリング状の雲から始まる長崎原爆爆発の記録映像*を公開しているYouTubeチャンネル「atomicarchive」から、その不可思議な黒ベタをご覧いただこう。この映像は、スタンフォード大学フーバー研究所のYouTubeチャンネル「Hoover Institution Library & Archives」で公開されている映像とは左右逆のヴァージョンである。

*The film in public domain from Los Alamos National Laboratory archive via YouTube Channel atomicarchive, the Alexander Mikhalchenko, s collection

最初に画面（画像1-20）に現れるのは、積雲の上空に浮かぶ白い巨大なリング状の雲の端と、画面左を小さく斜めに隠す黒ベタの部分である。

カメラは、そのリング状の雲の端が積雲の上空を画面右斜め上へと移動していく様子を捉えた後、カメラアングルをやや左斜め下方向へと変えて移動していく。と同時に、左斜め下の黒ベタの部分が見る見るうちにせり上がって画面の約70％を隠してしまう（画像1－21）。つまり、リング状の雲の中央直下に位置する地上の様子が、黒ベタで隠れて全く見えないのである。

③動画をスキップして出現する消えかけの火球

続いて黒ベタは左斜め下方向に後退しそうな動きを見せたかと思うと、少々コマをスキップして、突然、宙に浮いた火球を映し出すのである（画像1－22／白色の文字と▲印は筆者が書き加えた）。ただしこの火球は、少し赤みを帯びてはいるものの、火球の影が地上にできるくらいなので、もう強い可視光は放たない消えかけの火球

画像1－20　リング状の雲（米国陸軍航空軍撮影、ロスアラモス研究所研究図書館所蔵映像、YouTube チャンネル atomicarchive 提供）

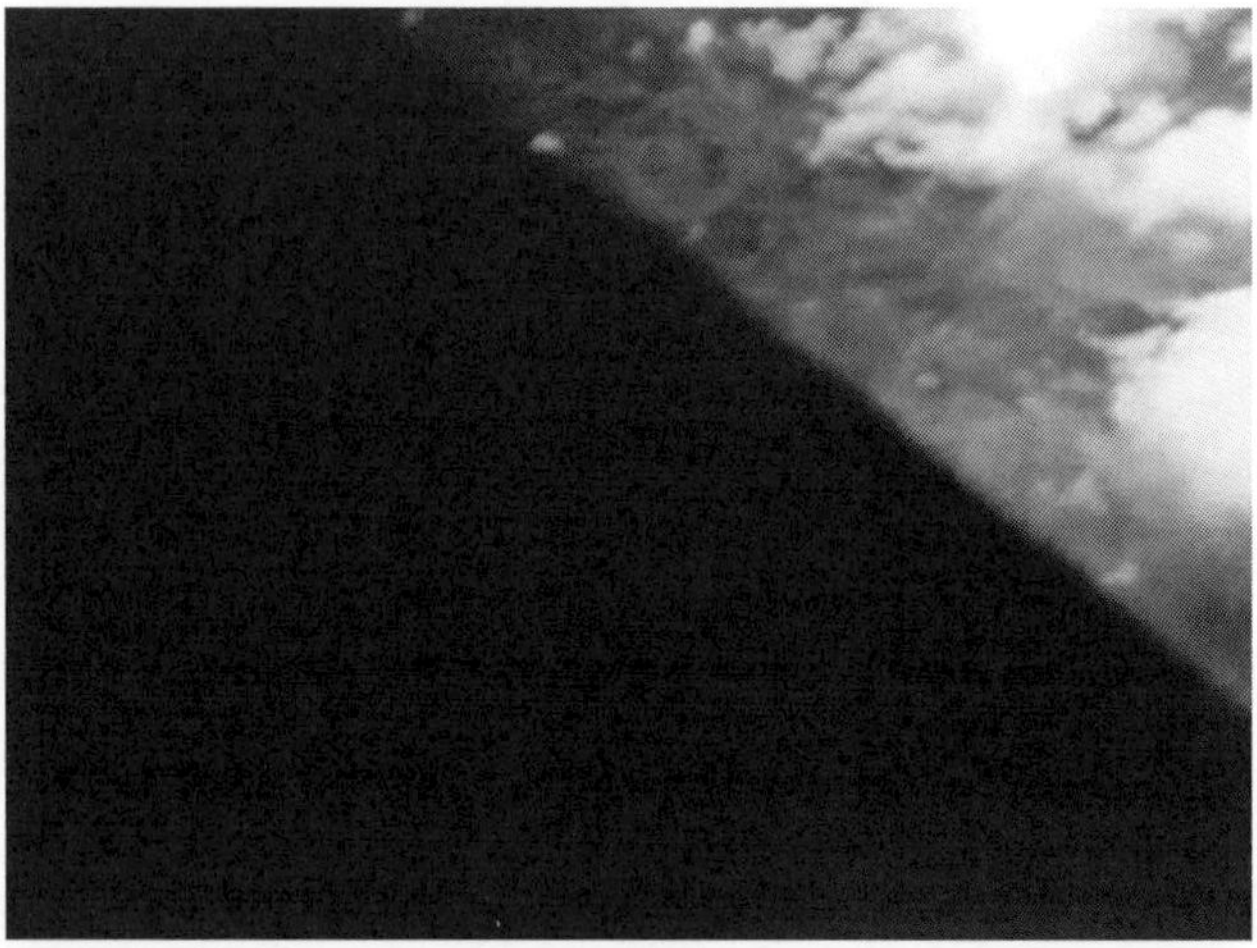

画像１－21　黒ベタ（米国陸軍航空軍撮影、ロスアラモス研究所書館所蔵映像、YouTube チャンネル atomicarchive 提供）

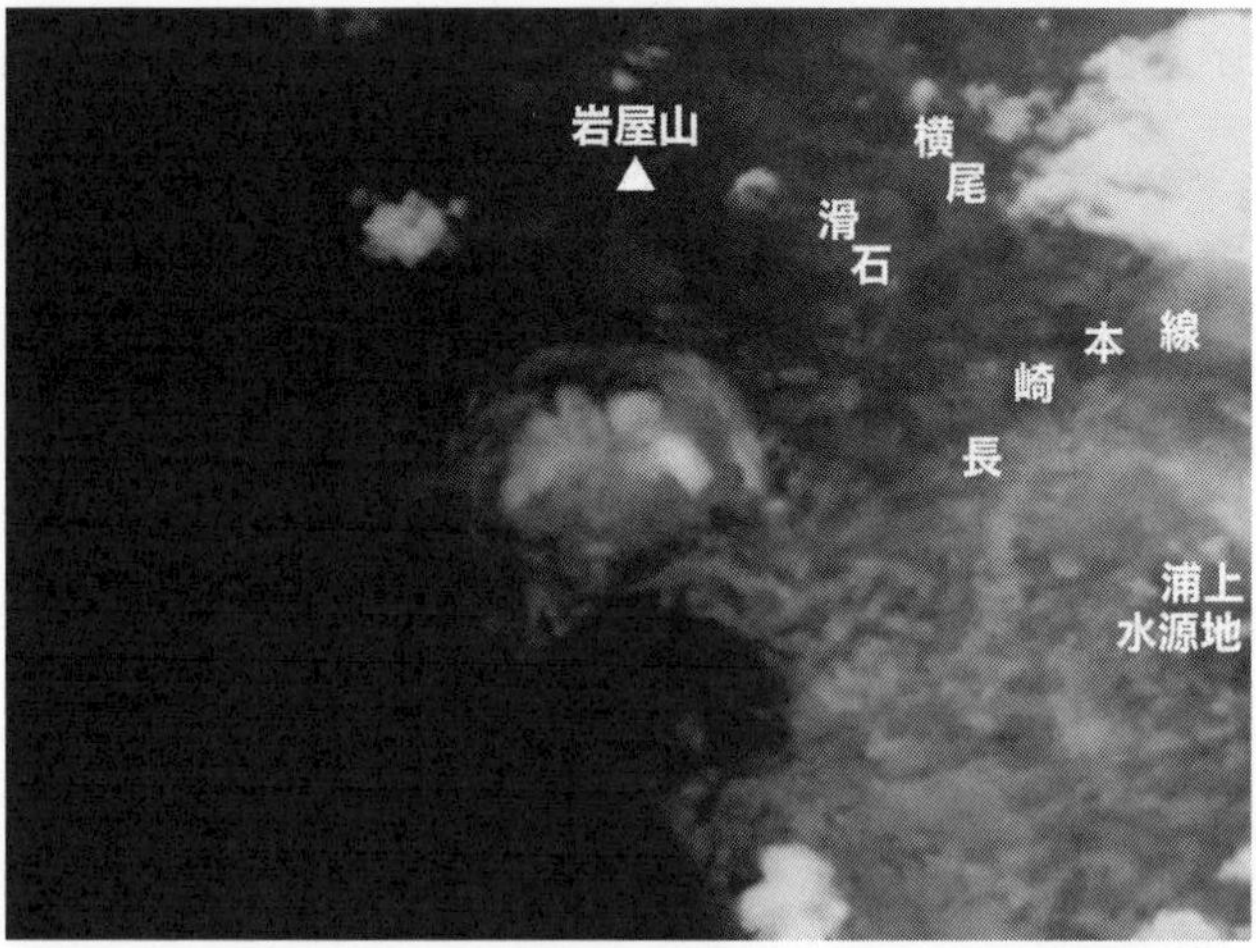

画像１－22　火球の出現（米国陸軍航空軍撮影、ロスアラモス研究所所蔵映像、YouTube チャンネル atomicarchive 提供）

のようだ。これが、リング状の雲の次の映像である。その消えかけの火球の位置によって、黒ベタで隠されていた部分が爆心地であったことがわかる。

④映し出された地理

また、カメラが撮影た地上の風景はどのあたりなのか、爆発直前の映像が公開されていないのでわかりづらい。しかしよく見ると、画面（画像1－22）右上に、漢字の部首の凵のように見える長崎市横尾と滑石あたりの特徴的な地形が認められる。その右斜め下には国鉄長崎本線のカーブした線路、その下に浦上水源地が顔を覗かせている。つまり、左右逆のヴァージョンの長崎原爆爆発の映像が存在する中で、この民営のYouTubeチャンネル「atomicarchive」の映像は正しかったことがわかる。

⑤写り込んでいたキノコ雲の足元

さらに、その画像（画像1－22）に続く6秒間の映像では、消えかけの火球が白いキノコ雲に姿を変えながら上昇していく。その6秒後の映像（画像1－23＊／白色の文字と×印は筆者が書き加えた）をご覧いただこう。

1945年8月9日午前11時2分の原爆爆発時の太陽高度は約64度。キノコ雲の頭（傘）

のすぐ下には、その頭の影になって上部が黒く見えるキノコ雲の脚が伸びている。地上には、約64度の角度で落ちたキノコ雲の頭の影が丸く見える。その丸い影を背景に、キノコ雲の脚の伸長に曳かれるように灰色の煙のようなものがもくもくと立ち昇っている。そのキノコ雲の足元に筆者は×印を付けた。そこが爆心地ということになるのだろう。

画面（画像1－23）下中央のやや左に線を引いたような部分が見えるのが浦上川だろうから、その河川上に爆心地が位置することになる。

黒ベタの部分はB29の窓枠ではなさそうだ

この映像はB29のどこから撮影されたの

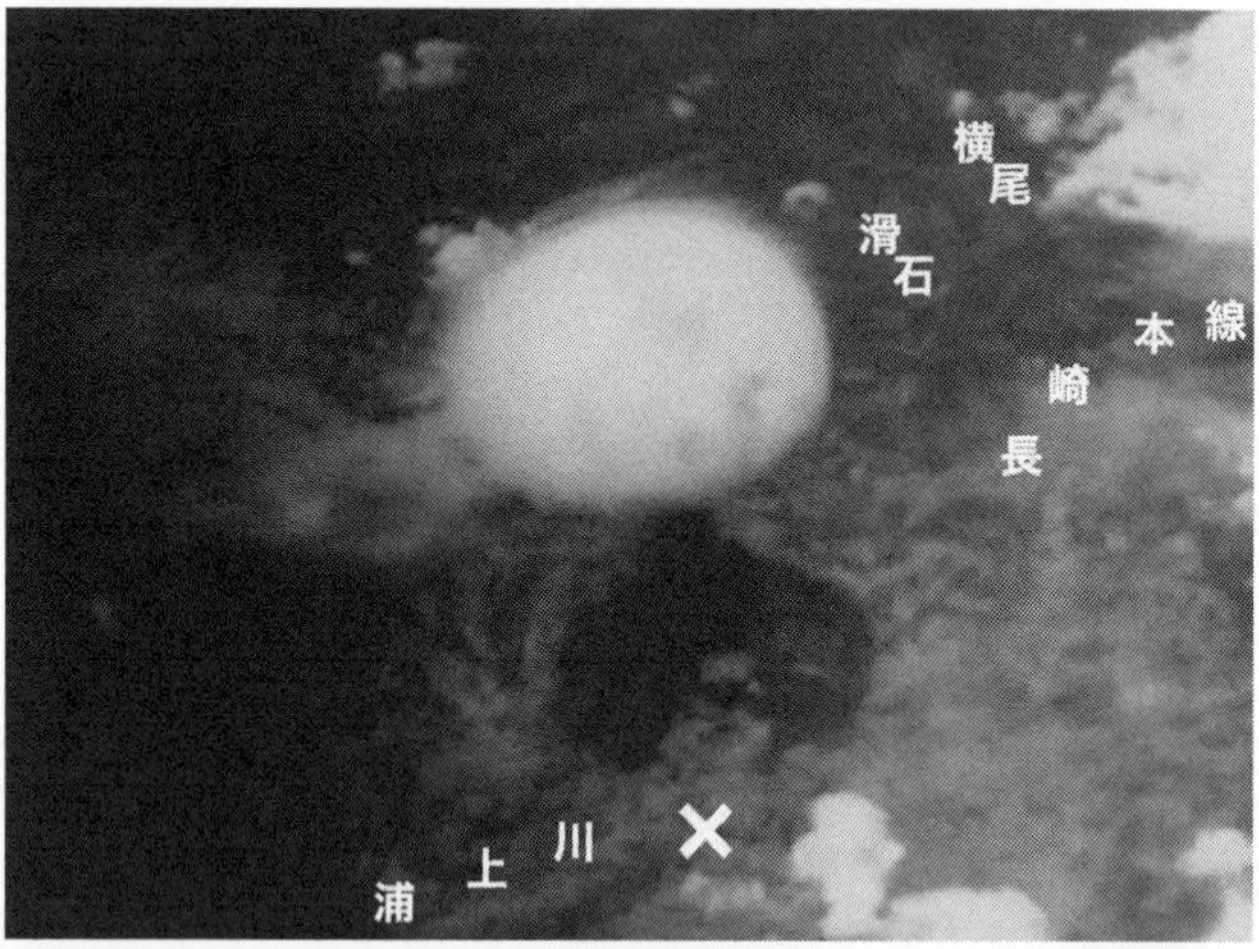

画像1－23　キノコ雲の足元（米国陸軍航空軍撮影、ロスアラモス研究所所蔵映像、YouTubeチャンネルatomicarchive提供）

か。『ネイチャー』のウエブサイトの訃報記事にそのことがわかる記述があった。そこには、２０１３年に他界されたロスアラモス国立研究所第3代所長で物理学者のハロルド・アグニューが、戦争当時、「長崎特命飛行の尾部銃手たちにフィルムカメラを持たせ、それによって2回目の原子攻撃の動画記録を確実なものにした」(Crouch, T. Harold Melvin Agnew (1921-2013). Nature 503, 40 (2013).) とある。

Ｂ29の垂直尾翼の下に位置する銃座室内の窓から撮影したことがわかる記述である。銃座室内には、左右の壁面に角丸の窓と四角形の窓がそれぞれ一つずつあり、機体の最後部にあたる部分には銃の照準を合わせる窓がある。

映像の中の黒ベタも、四角形の窓枠を思わせる「く」の字のシルエットの部分がある。本当に窓枠が偶然にも爆心地周辺の風景を隠し続けたのだろうか？

画像（画像1－22）に続く6秒間の映像には、ぶれることなくしっかりと画面中央に火球の上昇が収められている。しかも、画面の範囲が若干手前側に拡大しながらも、画面の中の積雲の位置はほとんど変わらない。

このことから、Ｂ29は火球・キノコ雲から遠ざかって飛行していたことが察せられる。仮に、10キロメートル上空を時速４５０キロメートルで飛行していたとしたら、この6秒間で750メートル遠ざかる間、窓際のカメラはほぼ固定したような状態だったことが推察できる地表と雲の風景である。つまり、写り込んだ窓枠から逃れるようなカメラの振りはなかったと考えられるのである。

しかし黒ベタは、ほぼ固定された画面の中で、左斜め下に後退していくのだ。そうなると、爆心地を隠した黒ベタは窓枠ではなく、爆心地を隠すために施された修正だった可能性が浮上する。

日本の報道機関が採用する空撮映像

左右を反転した映像が米国海軍と米国の学術分野から公開されていることも、この映像の信頼性を疑うべき理由と言えるだろう。しかし日本の報道機関では、先の画像（画像1－22）と同様に、左右を反転されていない映像が採用されている。

例えば、朝日新聞のウエブサイトで「長崎原爆が爆発した瞬間。連続写真＝1945年8月9日、米軍撮影」と題して公開されている写真（画像1－24、朝日新聞社提供）も、先の映像の一コマ（画像1－22）から約2秒経過した映像と同様であり、また、米国国立公文書記録管理局がウエブ公開している写真*とも同じである。

＊National Archives Identifier: 204836739, Local Identifier: 342-FH-3A03637-60549AC

さらに、NHKが『原爆の記憶　ヒロシマ・ナガサキ』「1945年（昭和20年）8月9日　長崎への原爆投下映像」と題してウエブ公開している映像の、1分2秒から1分8秒で再生される長崎原爆の映像も、画像（画像1－22）から続く映像と同じである。ただし、リング状の雲の映像（画像1－20）や黒ベタで爆心地が隠れた映像（画像1－21）は含まれていない。

それにしても、米国海軍や米国の学術分野で、映像や写真を左右逆にする意図はなんだろうか？　しかも不可解なことには、これらの映像や写真はいずれも、投下した映像もなければそのときの地上の映像もなく、原爆爆発の瞬間の「ピカ

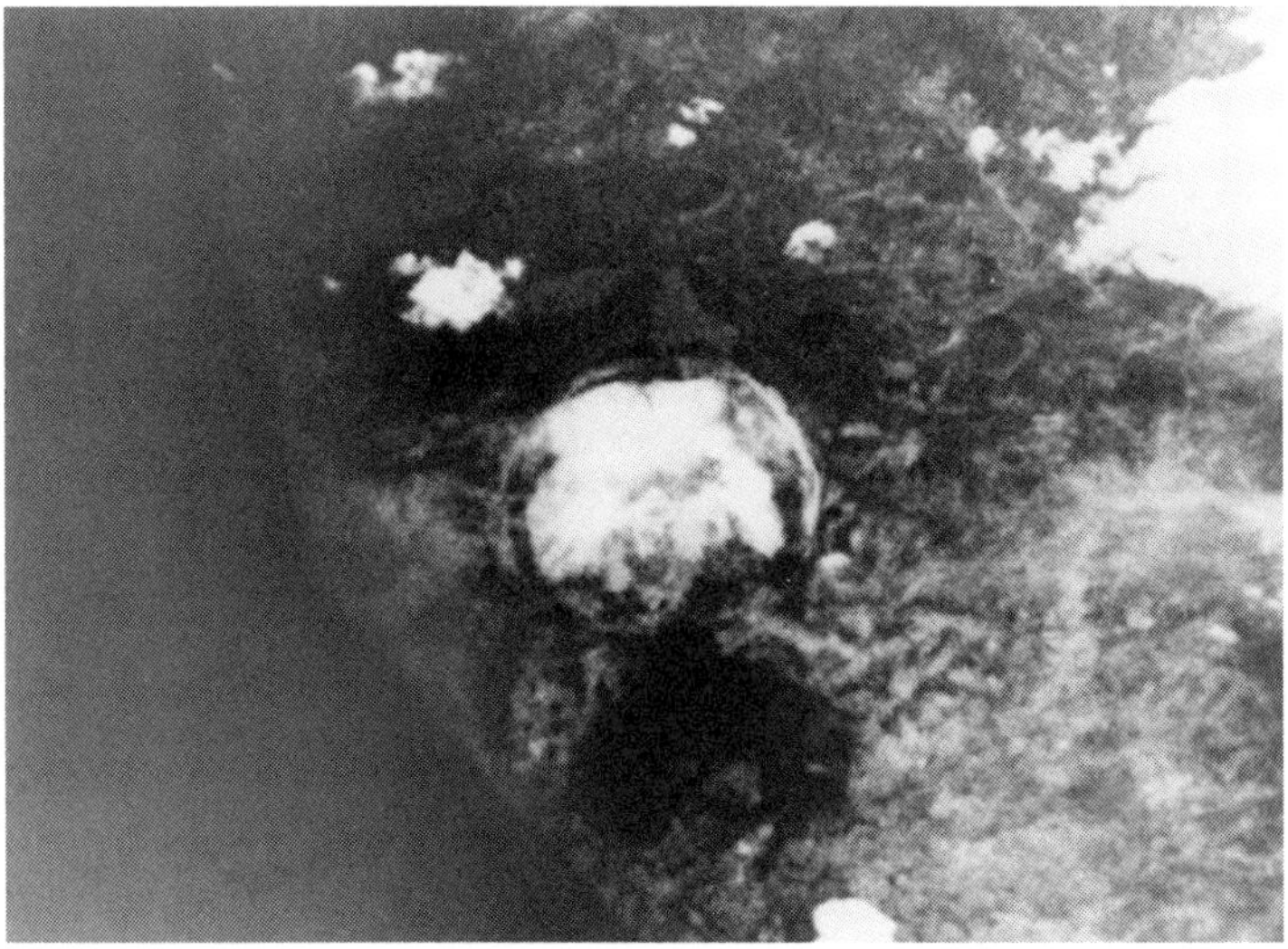

画像1－24　朝日新聞がウエブ公開している長崎原爆の写真（米軍撮影、朝日新聞社提供）

ッ」の映像もない。さらに、リング状の雲を映し出してから宙に浮いている火球を映し出すまでの爆心地が黒ベタで隠れているのである。長崎原爆と同じプルトニウム239を爆発させたトリニティ核実験では、爆発からリング状の雲ができるまでの時間は12秒であった。長崎原爆の映像には、爆発からリング状の雲ができるまでの、トリニティ核実験なら12秒間にあたる、その部分の映像がないのだろうか？

もしかすると、公称の爆心地や爆発高度に偽りがあり、下から爆発していたのを隠したいからではないだろうか？

そういう疑いを高めるのに十分な映像だと思うのだが、皆さんにはどう見えるだろう。

少なくともこの項では、長崎原爆の記録映像がいかに信頼性に欠けるのかということはご理解いただけたと思う。

地上核実験で火球が上空に現れる映像

米国が1953年5月19日にネバダ核実験場で行った核実験『アップショット・ノットホール作戦―ハリー』の核爆発の様子を収めた動画が、原子力遺産財団と民営の「atomicarchive」のYouTubeチャンネルで公開されている。*

その映像を見ると、「ピカッ↓火球↓キノコ雲の上昇」を映し出す流れの中で、火球ができるまでの間がアッという間でよく見えない。YouTubeチャンネル「atomicarchive」の解説*によれば、この動画は再生時間が短縮された高速再生の動画だった。

そこでゆっくり再生してみることにする。まず最初に画面全体が眩しく光って何も見えなくなるが、しだいに光の強さが薄らいでいくと上空に火球が現れる。ただしこの動画は、空から投下した核実験ではない。米国エネルギー省科学技術情報局のウエブサイトによれば、核実験ハリーは300フィート（91・44メートル）の塔で核爆発させた実験である。*

*YouTube Channel atomicarchive「Dirty Harry nuclear test (1953)」
https://www.youtube.com/watch?v=AVARWe44zL4

＊U.S. Department of Energy Office of Scientific and Technical Information『Document Details』「PRESS RELEASE, SUBJECT: A NUCLEAR DEVICE WAS DETONATED ON A 300 FOOT TOWER IN YUCCA FLAT JUST BEFORE DAWN TODAY」
https://www.osti.gov/opennet/detail?osti-id=16116900

上空に火球が現れるという現象がどんなものかをご覧いただくために、YouTubeチャンネル「atomicarchive」提供の動画から＊、爆発から始まり火球が消えるまでの映像を4コマに分けてスクリーンショットし、それを短冊状にトリミングして並べてみる（画像1－25）。

＊The film in public domain from Los Alamos National Laboratory archive via YouTube Channel atomicarchive, the Alexander Mikhalchenko's collection

その4コマが並んだ画像（画像1－25）は、一番左の短冊状の白いコマが、動画では画面全体が白くなった核爆発の瞬間である。そのコマの下方に見える黒い小さな染みのようなものの真ん中の黒点が、爆発の中心部分のようだ。つまりその高さは、塔の高さの91・44メートルとみなしていいだろう。

そのすぐ右隣が、まだ画面全体にまばゆい光を放つ火球の姿。実際にこの核実験を地上で見ていたなら、眩しさが収まりつつある中で最初に視界に飛び込んでくるのは、このコマ以降の映像だろう。その火球の頂点の高さは、最初のコマの黒点の高度を塔の高さと仮定することで、少なくとも約500メートルはあったと推測できる。ただし、その黒点の高度が塔より高いのであれば、火球の頂点の高さはもっと高いことになる。いずれにしても、眩しさがやんで見えるのは、上空を駆け上がる火球の姿なのだ。

さらにその右隣のコマの火球の頂点の高さは約670メートルに上昇している。高さ670メートルに達した火球が膨張し上昇した距離は、塔の高さ

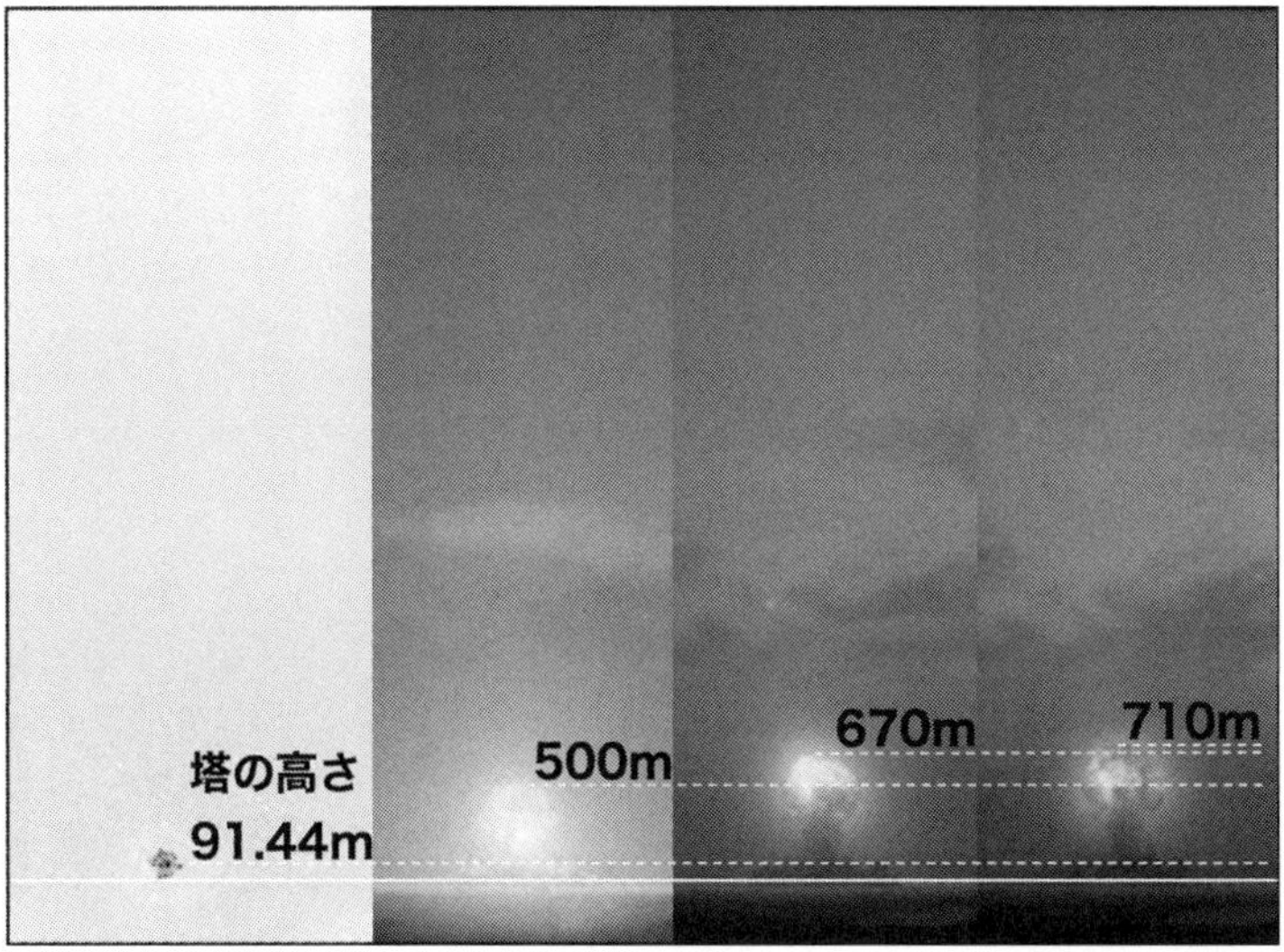

画像1－25　米国の地上塔核実験の動画のコマ割り（ロスアラモス研究所所蔵映像、YouTube チャンネル atomicarchive 提供／筆者がコマ割りにして並べ高度を書き込んだ）

を引くと、少なくとも頂点で約580メートルはあったことになる。

さて、地上起爆の核実験で、火球が下から上へ上昇する核爆発の現象は、この核実験ハリーのケースだけだろうか？

実は火球が上昇することは、米国国立科学電子図書館が資金提供したアトミック・アーカイブのウエブサイトで解説されていたので抄訳する。


「非常に熱く、高輝度の、空気と気体の兵器残留物の丸い塊である火球は、兵器爆発の100万分の1秒未満内に発生する。形成された直後に火の玉は、周囲の空気を巻き込みながら大きくなり始める。

（中略）

火球の成長は、温度の低下を伴う。それは質量の増加を伴うからだ。同時に火球は熱気球のように上昇する。爆発から0・0007秒以内に、1メガトン（100万トン）の兵器から発生する火球は直径約440フィート（134メートル）であり、これは10秒で約5700フィート（1・7キロメートル）の最大値に増大する。その後、秒速250から350フィート（76～107メートル）で上昇する。1分後、火球は可視光線を放出しないほど冷却された」（atomicarchive.com「The Fireball」／括弧（）内は筆者による注釈　https://www.atomicarchive.com/science/effects/fireball.html）

この解説によれば、1メガトンの核兵器の場合、火球は、10秒を過ぎても秒速76から107メートルの速さで上昇するという。

ただし、先のコマ割りを並べた画像（1-25）の核実験ハリーの爆発エネルギーは1メガトン（1000キロトン）よりもはるかに小さい32キロトンである。

またトリニティ核実験は長崎原爆と同等の21キロトンである。爆発のエネルギーの大きさと火球の上昇速度の関係はこの資料からはわからないが、火球が上昇することは原子力界で常識のようだ。

したがって、先述の広島原爆を爆発2分後に撮影した松重三男さんの証言「上空にオレンジ色の火球が尾を引くようにすごい速さで上昇するのを目撃」は、記憶違いではなかったことが、地上起爆の核実験ハリーの動画や、アトミック・アーカイブの火球の解説から裏付けられたことになる。

また、地上塔核実験の場合、火球は眩しい閃光の中ですでに何百メートルも膨張し上昇する。そのため、たとえ地表面で核爆発して火球が膨張し上空に上昇したとしても、「原爆が投下されて火球が600メートル上空に出現した」（広島原爆の場合）、あるいは「原爆が投下されて火球が500メートル上空に出現した」（長崎原爆の場合）と言われたら、火球を目撃した人々においては、それを信じるに足る状況であったことが想像できる。

謝辞

米国のフィルムを利用するにあたって、著作権保護の状況を親切に解説くださいましたYouTubeチャンネルatomicarchiveのコレクターであるアレクサンジェル・ミクハウチムカさんに深く感謝申し上げます。また、長崎原爆で発生したリング状の雲を撮影した米国のフィルムや、地上核実験で上昇した火球の高度がわかる米国のフィルムなど、日本人にとって大変貴重なフィルムをデジタル化してウエブ公開してくださいました功績を讃えます。そして、同チャンネルのコレクションのさらなる発展を願い、ドネーション・サイトと問い合わせ窓口をここに紹介します。

＊YouTube Channel atomicarchive へのドネーション
https://www.donationalerts.com/r/atomicarchive
https://www.paypal.com/paypalme/atomicarchive
＊YouTube Channel atomicarchive の問い合わせ窓口
atomicfootage@gmail.com

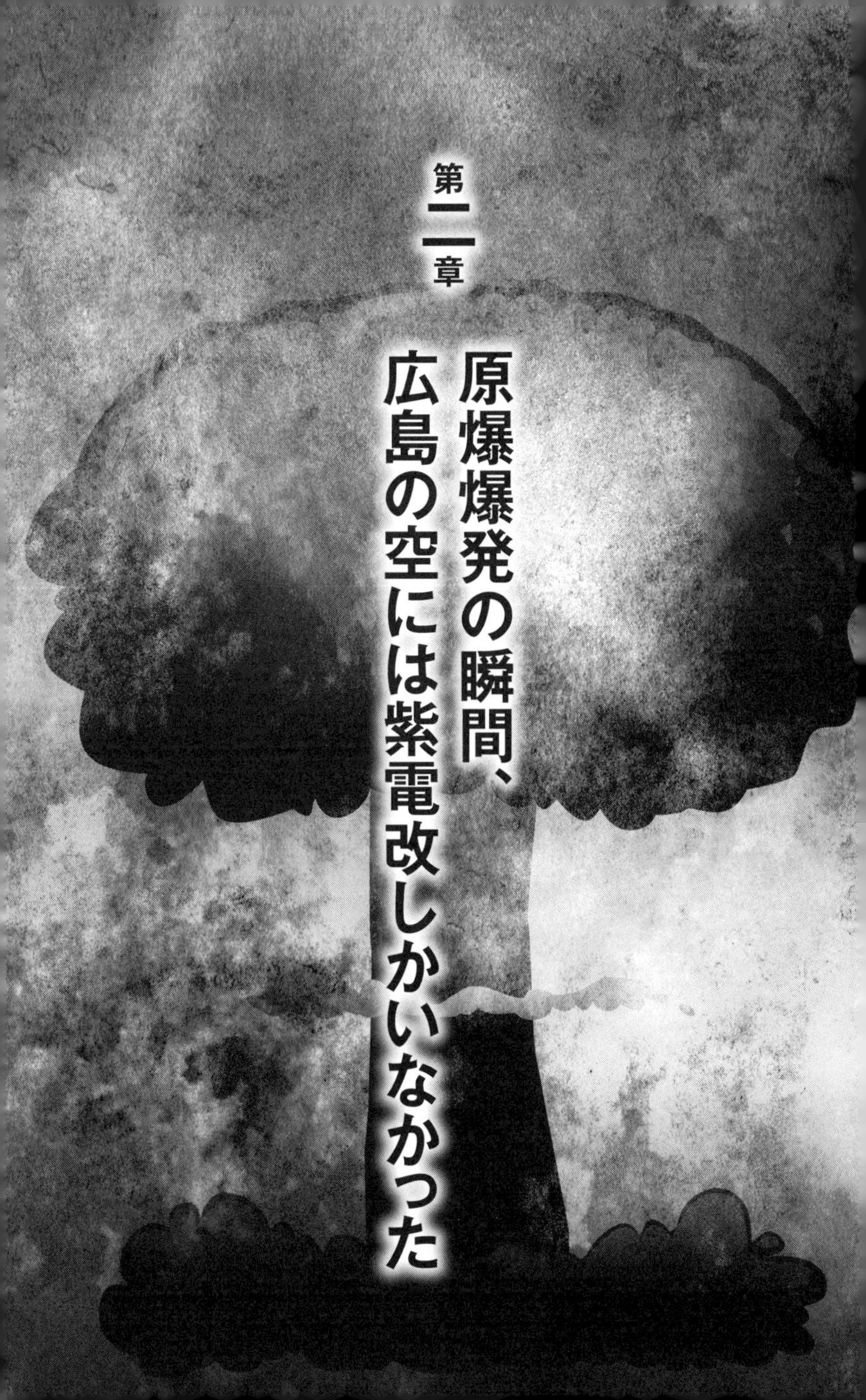

第二章

原爆爆発の瞬間、広島の空には紫電改しかいなかった

紫電改パイロットの証言「エノラゲイ見てません」「下から爆発して」

広島原爆の爆発の瞬間を、広島上空から目撃した日本人がいる。零戦のパイロットで、撃墜王として有名な本田稔（1923年熊本県生まれ）さんだ。その当時は、第三四三海軍航空隊の戦闘機「紫電改」パイロットとして本土防空に従事していた。

本田氏の戦果が記された書は多数にわたり、ご本人直筆の書もある。その一例を紹介しよう。

・本田稔著『私はラバウルの撃墜王だった―証言・昭和の戦争』光人社NF文庫、2004年
・岡野充俊著『本田稔空戦記―エース・パイロットの空戦哲学』光人社NF文庫、2005年
・井上和彦著『最後のゼロファイター 本田稔・元海軍少尉「空戦の記録」』双葉社、2013年

戦後は、航空自衛隊に入隊し１９６３年に一等空尉で退官すると、その後は三菱重工業株式会社でテストパイロットを務めた。

その本田さんが原爆から67年経った２０１２年、初めて、原爆の爆発の瞬間に広島上空を飛行していたことを打ち明けた。

しかも、「私、空中から爆弾を落としたとは思っていないんですよ」と言い切っているのだ。

その貴重な証言は、２０１２年8月13日、株式会社プロデュース・オン・デマンドが運営する衛星放送のチャンネル『セレクトショッピング』で『日本文化チャンネル桜』が放送した「【戦士の証言】元第３４３海軍航空隊少尉　本田稔氏に聞く part 3」の動画の中にある。

ここに、その貴重な証言の一部を文字化しておく。

「**司会者**：戦後、エノラゲイのパイロットがですね、ちょうど自分の機体に1機の戦闘機が向かってきた、というような証言をしているんですけれども、それは本田さんということですよね。

本田さん：ぜんぜんそれはもう、エノラゲイ見てませんですしね。私、空中から爆弾を落としたとは思ってないんですよ。下から爆発して、何で何が爆発したかと思って。上を気をつけてませんから、ぜんぜん知りませんねえ、B29に対しては」（【戦士の証言】元第343海軍航空隊少尉 本田稔氏に聞く part 3［日本文化チャンネル桜2012年8月13日］）

この証言から、広島上空から原爆を目撃した唯一の日本人は、67年の間ずっと、たった一人で、B29が原爆を投下したという世界の常識と戦ってきたことを察しなければならないだろう。

なお、本田さんの原爆目撃証言は、翌年の2013年3月23日になってNHKも収録している。この証言で、2012年の証言よりもわかりやすくなった部分を、NHK『戦争証言アーカイブス』「本田稔さん」から引用しておこう。

「**質問者**：上空にいらっしゃった？

本田さん：紫電も。姫路から飛行機をもらって大村に帰る途中だった。7時45分に姫路を飛び上がって、8時15分ごろですが。飛行機なんか全然見えないから、B29が落としたなんて思わなかったです。広島の火薬庫が爆発したのかなと思った。バーンと上がってくるのが見えてですね、落とされて目が覚めて、目が見えるようになって、前を見たらですね、中が赤くて、赤黒いのが中心にあってですね、キラキラ光る白い雲がずっと出ていた。で、グッと上がってきたのが見えたんですね。だから火薬庫の爆発だなと思って。（以下略）

質問者：原爆が爆発する直前の広島の街の様子を本田さんは上空から見ていた？　どんな様子でした？

本田さん：きれいな街だったですよ。きれいな街で、ああ、広島だなって。広島城が前にあって、その向こうの広島がずっと見えていた。見えたと思ったときに吹き飛ばされた。爆風で吹き飛ばされて、呉の方に落ちていったんです。舵が全然利かんから落ちていって。500メートルぐらい落ちたところで何とか舵が利いてきて、（以下略）」（NHK『戦争証言アーカイブス』「本田稔さん」2013年3月23日収録）

本田さんの証言で注目すべき点は、2012年の「ぜんぜんそれはもう、エノラゲイ見てませんですしね。私、空中から爆弾を落としたとは思ってないんですよ」と、2013年の「飛行機なんか全然見えないから、B29が落としたなんて思わなかったです」の証言だ。

本田さんは、本土防空の任を負う紫電改パイロットとして、姫路から広島上空にさしかかるまで、B29を見ていなかったことがわかる。しかもすでに撃墜王として戦果を挙げたパイロットが、敵機を目撃していないと言うのだ。これは、検証すべき新証言と言えるだろう。何しろ広島の被爆者たちの多くが爆発の直前にB29を見たと証言しているのだから。

さらに、原爆の爆発後については、2012年の「何で何が爆発したかと思って。上を気をつけてませんから、ぜんぜん知りませんねえ、B29に対しては」から、紫電改の飛行高度よりも上空を見ていなかったこともわかる。

また、もう一つ注目すべき点は、2013年の「落とされて目が覚めて、目が見えるようになって、前を見たらですね、中が赤くて、赤黒いのが中心にあってですね、キラキラ光る白い雲がずっと出ていた。で、グッと上がってきた」という証言だ。

本田さんは原爆の爆発と同時に目が見えない時間が少しあったことがわかる。この見えない時間は、第一章で地上塔核実験ハリーの映像をコマ割りにして並べて紹介した通り、爆発の瞬間、空一面が白くなり風景が見えなくなった時間に相当するのかもしれない。

続いて、目が見えるようになると、中が赤黒いキラキラ光る白い雲が「グッと上がってきた」のを目撃している。この証言は、第一章で紹介した松重三男さんの証言の「オレンジ色の火球が尾を引くようにすごい速さで上昇するのを目撃」と合致し、また、火球が1秒未満に460メートルも上昇した地上塔核実験ハリーの映像とも合致する。本田さんの証言でも、下から爆発した核爆発の火球は、急上昇していたことが裏付けられたと言えるだろう。

さらに本田さんの飛行ルートがわかる証言として、「広島城が前にあって、その向こうの広島がずっと見えていた。見えたと思ったときに吹き飛ばされた」がある。本田さんは、姫路からやってきて、旧広島市上空に北から南下して進入したことがわかる。つまり、瀬戸内海側からではなく、中国山地から旧広島市上空に進入していたのだ。

『はだしのゲン』の著者が見たB29の飛行機雲は、紫電改の飛行ルートと同じ

広島の被爆者を描いた『はだしのゲン』の作者、中沢啓治（1939－2012）さんは、6歳のとき、原爆が爆発する前にB29を目撃したと証言している。しかもその飛行ルートについて手振りを交えて説明した内容が、紫電改パイロットの本田さんの証言と重なるのだ。

その手振りを交えて説明したときの記録動画は、BS11『本格報道INsideOUT』が2011年8月9日に放送したものであるが、中沢さんが2012年12月19日に他界された後の2013年2月12日にも、同番組で「追悼『はだしのゲン』中沢啓治さん」と題して放送している。

では、ここに、中沢さんが手振りを交えて説明したときの手振りをイラスト（画像2－1）に描き起こし、貴重な証言を文字化しよう。

「8月6日のあの空は、ものすごい綺麗だったです。真っ青に晴れ上がってね、雲一

つないです。そこを、中国山脈沿いからB29の飛行機雲がね、《右手で右から頭上へと飛行機雲を描く手振りをしながら》ツーッと伸びてくるわけですよ。どんどんどんどんぼくらの上空に来るわけですね。ぼくはそれ見つけてね、『おばさん、あれ、B29じゃないか』って言うと、同級生のおばさんも見上げて、『あーあれはB29だ』って。で、おばさんと二人でね、『おかしいね、なんで空襲警報のサイレンが鳴らなかったのだろう』。これは謎なんですよ、未だに」（BS11『本格報道INsideOUT』「追悼『はだしのゲン』中沢啓治さん」2013年2月12日放送／括弧《 》内は筆者による描写）

中沢さんが言う「中国山脈」とは、中国地方を山陰と山陽に分けて東西に連なる「中国山地」のことである。

ここ（画像2－2）に、2020年の広島市を中心にした地域のグーグルマップを北を下向きに回転させて、パイロット目線で広島市内の位置関係や姫路の方向を書き込んでみた。

原爆爆発当時6歳だった中沢さんは、爆心地から約

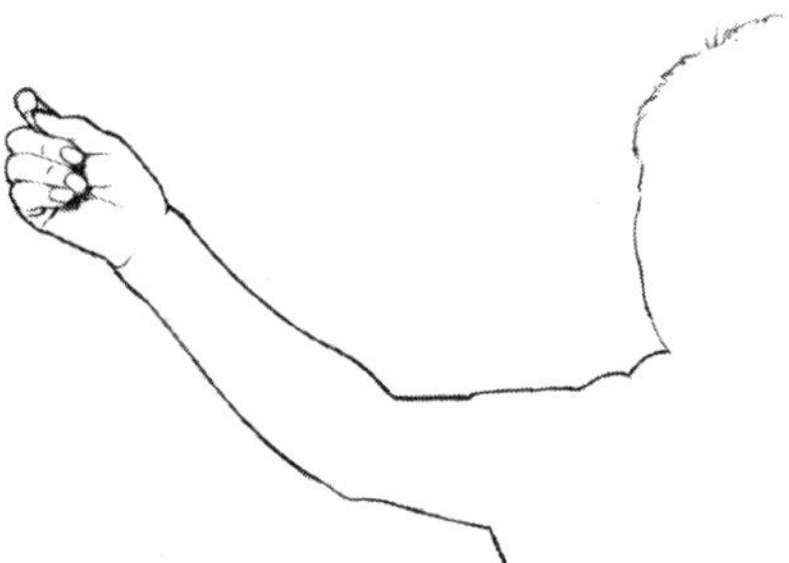

画像2－1　B29の飛行機雲が伸びてくるルートを再現する手振り

1・3キロメートル離れた神崎国民学校の裏門の門柱の傍にいた。そのため、強烈な熱線が門柱や塀に遮られて命拾いをしている。* その爆発の直前に見たのがB29の飛行機雲である。中沢さんの手振りの《右手で右から頭上へと飛行機雲を描く手振りをしながら》と、証言の「中国山脈沿いからB29の飛行機雲がね、ツーッと伸びてくるわけですよ」を照らし合わせると、B29がやってきたその方向は、東からであった。さらに、「どんどんぼくらの上空に来る」ということは、神崎国民学校の方に向かってきたことになる。

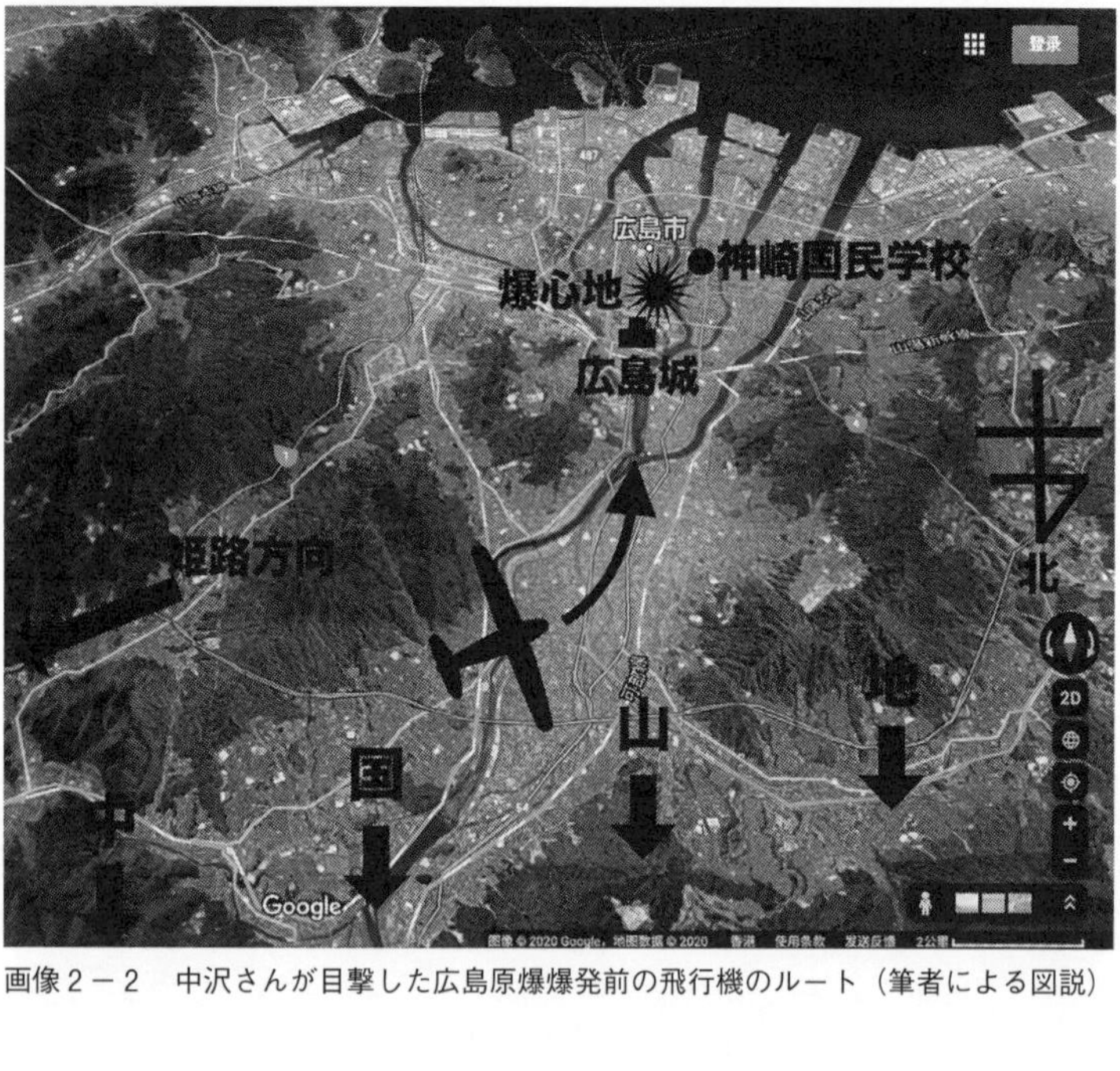

画像2－2　中沢さんが目撃した広島原爆爆発前の飛行機のルート（筆者による図説）

＊広島市立神崎小学校ウエブサイト『「はだしのゲン」に描かれている旧神崎小学校の門柱』

一方、原爆爆発の瞬間に遭遇した紫電改パイロットの本田さんも、中沢さんが見たのと同じく、神崎国民学校から見て東の方角の姫路からやってきた。本田さんは、「広島城が前にあって、その向こうの広島がずっと見えていた」と証言していることから、中国山地に背を向けて広島城方向に進路を進めていたことがわかる。この本田さんの証言も、中沢さんの証言と一致する。

しかも、敵機が接近しているというのに空襲警報は鳴らなかった。中沢さんが見た飛行機が日本海軍の戦闘機「紫電改」だったとしたらどうだろうか。当然、空襲警報など鳴るはずがない。

中沢さんが目撃した飛行機雲は、紫電改の飛行機雲だったのだろうか？

では、飛行機雲ができる条件は何だろうか――それについて、「飛行機雲は、空の高さが地面からおよそ6千m以上でなければできません」（三市北蒲原郡地区理科教育センター・ウエブサイト「飛行機雲」）と、新潟県新発田市・阿賀野市・胎内市・北蒲原郡が運営する三市北蒲原郡地区理科教育センターはウエブで解説している。また、ブリタニカ国際大百科事典 小項目事典の『飛行機雲』の項には、「低温多湿の大気中を飛行機が通ったときその航跡にできる雲。〈中略〉，翼端やプロペラにできる渦の中の空気の膨張などによって生じる」（括弧〈　〉内や傍点は筆者による）、と説明されている。

では、紫電改の飛行高度は6000メートル以上だったのだろうか――紫電改の飛行高度の目安となる情報として、「高度1万メートルまで上昇し、急旋回を得意としました。日本を爆撃するB29を迎撃した戦闘機として有名です」（養父市ウエブサイト「まちの文化財（179）戦闘機の紫電改」）と、兵庫県養父市はウエブで解説している。

また、「エンジン出力：高度6400mで1700馬力、最大速度：高度6000mで611km／h、…エンジン出力と速度は紫電改が飛行中最も効率がよい気圧や気温の高度で測定したものです」（株式会社ハセガワ・ウエブサイト「【A6】1：72スケール　プラモデル　川西N1K2－J局地戦闘機　紫電改」）と、飛行機模型で有名なハセガワがウエブで解説している。

つまり、紫電改は、気象条件によって高度6000から6400メートルを飛行しているときが最も効率がよかったという解説があり、また受け取ったばかりの紫電改の調子をテストするために高度を1万メートルまで上げて飛行してきた可能性も考えられる。いずれにしても、紫電改は、飛行機雲が出現する高度を飛行してきた可能性が高いと言えそうだ。

１９４５年8月6日午前8時15分の前に広島上空に向かってきた飛行機雲は、紫電改の飛行機雲だった可能性が高い。

さらに、本土防空を任務とする戦闘機乗りの本田稔さんが、原爆爆発直前まで広島上空でB29を見ていないと証言したこと、中沢啓治さんが1機の飛行機雲しか見ていないこと、手振りを交えて証言した飛行ルートが紫電改と一致していること、この3点を踏まえると、中沢さんが見た飛行機雲は、紫電改であった可能性が高そうだ。

広島の被爆者たちが紫電改の飛行機雲をB29と思い込んだ理由

しかし不思議なことに、被爆者たちの中で、「ピカッ」を見る前に、日本の戦闘機「紫電改」を見たという人は、一人もいない。一人もだ。しかし、B29を見たという被爆者は多数ある。これはいったいどういうことだろう?

広島電信局の認識

その矛盾を解くために、まずは、8月6日の空襲警報や警戒警報、B29侵入について、空襲警報の伝達に従事していた広島電信局（内閣府直属の逓信院の組織）の認識を時系列で見てみよう。

引用するのは広島県の『国際平和拠点ひろしま』というウエブサイトに掲載された西日本電信電話株式会社広島支店2020年1月発行の「原爆投下時の電信電話」6ページからである。

1945年8月6日
0時25分　空襲警報発令
2時10分　空襲警報解除
2時15分　警戒警報解除
7時00分　局員出勤（宿直者は8時に退局）
7時09分　警戒警報発令
　　　　　爆撃機1機が広島上空に侵入
7時31分　警戒警報解除
8時09分　再び爆撃機が広島上空に侵入
8時15分　広島上空で原爆炸裂
※警戒警報は、「3分連続吹鳴」の長いサイレンで「防空体制に入れ」の注意喚起。
※空襲警報は、数秒おきに断続的に鳴らされる警報で「防空壕」に入らなくてはならない。（広島県のウエブサイト『国際平和拠点ひろしま』「原爆投下時の電信電話」西日本電信電話株式会社広島支店発行、6ページ）

これが、広島電信局が認識していた8月6日の空襲警報や警戒警報とB29の侵入時刻だ。

Ｂ29は2回にわたって、1機ずつ広島上空に侵入したという認識であった。
では、Ｂ29の広島上空侵入についての被爆者の証言はどうだろうか。
次に、二つの例を挙げて検証してみよう。

Ｂ29は見ていないが音でＢ29とわかった証言者の場合

爆心地から南南東2・3キロメートルの皆実町の自宅庭で被爆した宮川裕行さん、当時15歳。ここに、広島平和記念資料館『平和データベース』「被爆者証言ビデオ」に収録された彼の証言を文字化する。

「本を読んでおりました。そうすると飛行機の爆音が聞こえたんです。で、それがアメリカのＢ29という爆撃機の爆音だというふうにすぐわかりました。しかもいつもより非常に大きな爆音だったたので、『あ、今日は低空飛んできた、よし、アメリカの飛行機を見てみよう』と思って、庭の東側にコンクリートの塀がある、自宅のそのコンクリートの塀の陰に入ろうと思って、二、三歩横ずさりをした時に、周りがパッと真っ黄色になりました。あたり一面、光が光ったんですね。…」（広島平和記念資料館『平和データベース』「被爆者証言ビデオ　宮川裕行さん」）

この宮川さんの証言によれば、原爆が爆発する直前に聞こえた飛行機の爆音は、高度9000メートル以上を飛行して原爆を投下したことになっているプロペラ機B29の高度の爆音ではなかったということになる。すなわち、B29ではないプロペラ機の爆音だ。

しかも彼の証言には、警戒警報やその解除についてが含まれないことから、彼が聞いた飛行機の爆音は、原爆爆発の直前の記憶の可能性が非常に高い。

つまり、原爆爆発時に、9000メートルよりも低く、6000メートルよりも高い上空を飛行していたプロペラ機「紫電改」の方が、宮川さんの証言により近いということになりそうだ。

宮川さんがB29が低空飛行する爆音だと判断した理由は、おそらく、その飛行機の爆音を聞いた直後に原爆が爆発したことから、敵機以外に広島住人を大量に殺傷する者はないという先入観だったのではないだろうか。

B29からキラーと光る落下物を見た証言者の場合

爆心地から1300メートルの天満町福島川土手で被爆した木村秀男さん、当時12歳。

ここに、広島平和記念資料館『平和データベース』「原爆の絵」から木村さんの証言を引用し、その絵（画像２－３）を紹介する。

「昭和二十年八月六日、午前八時過ぎ頃空襲警報発令のサイレンが鳴り響く空を見上げるとＢ－29爆撃機が白い色の飛行機雲の尾を引きながら飛んでいるのが見えるが機体は見えない唯々爆音だけが聞こえる。数分ぐらい過ぎて、ようやく点を打ったぐらいに機体が見える。高度一万メートルぐらいだと思う。それから右に旋回白い雲の尾を長く引きながら飛行している、三回旋回して機首が北東に向かった時に機体の後方からキラーと光るものが落下した。そしてＢ－29爆撃機は東南に向かって小さくなって見えなくなった。上空を見詰めるとキラーと光る物体がマッチ箱ぐらいに見えて来た。そうするうちに空襲警報発令が解除になり疎開作業場に向かって歩行中五分ぐらい行ったところで突然大きな音と光りが爆風と共に通過した。原爆投下直前福島川東側川土手から見た体験でした」（広島平和記念資料館『平和データベース』「原爆の絵　識別コード：ＮＧ００４－02」）

木村さんの証言にある「午前八時過ぎ頃空襲警報発令のサイレンが鳴り響く空を見上げるとＢ－29爆撃機が白い色の飛行機雲の尾を引きながら飛んでいる…そうするうちに空襲

画像２－３　木村秀男さん作「原爆の絵」（広島平和記念資料館所蔵）

警報発令が解除になり」を、広島電信局の認識に照らすと、時間の記憶には誤差があった可能性がうかがえる。

広島電信局の認識では、空襲警報発令は真夜中の午前0時25分であり、空襲警報解除も真夜中の2時10分であった。

空襲警報が警戒警報の記憶違いだったとしたら、彼が見た飛行機雲や落下物は、警戒警報が発令された7時9分から警戒警報が解除された7時31分の間の記憶であった可能性がある。

実は木村さんのように、8月6日の朝、原爆が爆発する前に、空から落ちてくる降下物を見たと言う被爆者の証言は複数ある。これがいったいなんだったのかを中国新聞の『ヒロシマ平和メディアセンター』が説明しているので引用する。

「原爆を搭載した米軍B29爆撃機エノラ・ゲイは、科学観測機や写真撮影機とともに3機で飛来。科学観測機は爆発の風圧や温度を測定するため、少なくとも3器の爆発測定無線装置を落下傘で投下した。装置は爆心地から北に約15キロ離れた亀山地区の水田や山の計3カ所に落下し、旧日本軍が回収した」（中国新聞『ヒロシマ平和メディアセ

ンター』「原爆測定の落下傘　発見　広島市安佐北区の民家　語り継ぐ資料　活用へ」２０１８年５月28日）

この説明はＢ29による原爆投下が大前提ではあるが、注目したいのは、科学観測機が３器の爆発測定無線装置を落下傘で投下したという点である。

この科学観測機はグレート・アーティストと称されたＢ29であったことが、国立長崎原爆死没者追悼平和祈念館ウエブサイトに記されている。*

＊『The Nagasaki Atomic Bomb Damage Records』「Part 2 The Atomic Bomb 1. Invansion by the Atomic Bombing Unit」

そうすると、木村さんが目撃した「キラーと光るもの」を投下したＢ29は、グレート・アーティストであり、木村さんの記憶に残る飛行機雲もその飛行機のものだった可能性が浮上する。

石原慎太郎氏曰く、飛行機雲とＢ29は一体

それにしてもどうして、飛行機雲を引いていたであろう紫電改を見たという証言者がい

ないのだろうか。その理由がわかるヒントはないか、第二次世界大戦中の飛行機雲について書いた文学を探ってみようと思う。

まずは、石原慎太郎著『歴史の十字路に立って：戦後七十年の回顧』から引用する。

「映像として私が鮮烈に覚えているのは、日本の戦闘機や高射砲の及ばぬ紺碧の高空を鮮やかな白い飛行機雲を引いて悠々と飛び去る敵機B・29の姿だ。それがB・29という新兵器、大型の戦略爆撃機だと父から教えられたものだった。生まれて初めて目にした飛行機雲の美しさは、一方的に日本を爆撃して焼き尽くした残酷な新兵器と一体だった」（石原慎太郎『歴史の十字路に立って：戦後七十年の回顧』2015年、PHP研究所／傍線は筆者による）

次に、原民喜著『壊滅の序曲』から引用する。

「と、ある朝、B29がこの街の上空を掠《かす》めて行った。森製作所の縫工場にいた学徒たちは、一斉に窓からのぞき、屋根の方へ匐《は》い出し、空に残る飛行機雲をみとれた。『綺麗《きれい》だわね』『おお速いこと』と、少女たちはてんでに嘆声を放つ。B29も、飛行機雲も、この街に姿を現したのはこれがはじめてであった」（原民喜『夏の花』「壊滅の序曲」1970年、晶文社／傍線は筆者による）

また、東京が初めて空襲を受けた1944年11月24日、熱海に疎開中の谷崎潤一郎氏が書いた『疎開日記』から引用する。

「一機東京を目指して飛ぶ、高く高く鰯雲の中にあり、爆音によりて敵機なること判明、日本機のガラガラ云ふ音と異なりて、プルンプルンと云ふ如き振動音を伴ひたる柔かき音なり、後部より吐くガスが飛行機雲となりて中天に鮮やかなる尾を曳く、機体もスッキリしてゐて美しきこと云はん方なし」（谷崎潤一郎『谷崎潤一郎全集　第二十巻』「疎開日記」2015年、中央公論新社／踊り字は繰り返し表記に改めた／傍線は筆者による）

続いて東京で空襲に遭った内田百閒氏の『東京焼盡』の1945年4月2日の日録から引用する。

「B29一機快晴の空に四本の美しい飛行機雲を曳きて頭上を通り過ぎた」（内田百閒

（『東京焼盡』1955年、講談社／傍線は筆者による）

次に、四者の記事を整理してみる。

石原慎太郎氏は「生まれて初めて目にした飛行機雲の美しさは、一方的に日本を爆撃して焼き尽くした残酷な新兵器と一体」と言い、原民喜氏は「Ｂ29も、飛行機雲も、この街に姿を現したのはこれがはじめて」と言う。

日本人は、第二次世界大戦で本土空襲に遭うまで、飛行機雲を見たことがなかったことがわかる。また同時に、飛行機雲とＢ29が一体であったことがわかった。石原氏の回想は、当時の日本人にとって「飛行機雲＝Ｂ29」であったことを明かす大変重要な資料であることを留意しておきたい。

また、谷崎潤一郎氏は「後部より吐くガスが飛行機雲となり」と書いていることから、Ｂ29は後部からガスを吐くから飛行機雲ができると思い込んでいたことがわかる。すなわち、日本の飛行機は後部からガスを吐かないから飛行機雲はできないと思っていたであろうことも察しがつく。

内田百閒氏は「Ｂ29一機快晴の空に四本の美しい飛行機雲を曳きて」と言う。これも大変貴重な観察である。確かに、Ｂ29には発動機が両翼に二つずつ付いているので、そこにそれぞれにプロペラが付いている。その四つのプロペラから4条の飛行機雲が生み出されていくわけだ。

B29の飛行機雲は4条

では、B29の飛行機雲の写真を確認してみよう。

この写真（画像2－4）は、2015年8月14日付けの毎日新聞に掲載されたもので、「飛行機雲を吐きつつ名古屋上空を襲った米軍のB29爆撃機。白い玉状のものは日本軍の高射砲弾＝昭和19年末」（毎日新聞『戦後70年　益川敏英さん「憲法9条を守ろう、どんな小さな声でも集まれば大きな声になる」』2015年8月14日）と説明されている。

まさに、内田百閒氏の言う通りだ、4条の飛行機雲を引いている。

こんなにはっきりと4条の飛行機雲が見えるのなら、B29の飛行機雲について、内田百閒氏と同様の記憶のある人たちがいるに違いない。

ネットで「B29　4本　四条　飛行機雲」と検索してみた。

すると、「飛行機雲と言えば先の大戦末期のB－29の飛行機雲（4本）を思い出します」（『高槻のええとこブログ』2009年11月15日）をはじめ、そうした記憶のある人の言葉がヒットする。

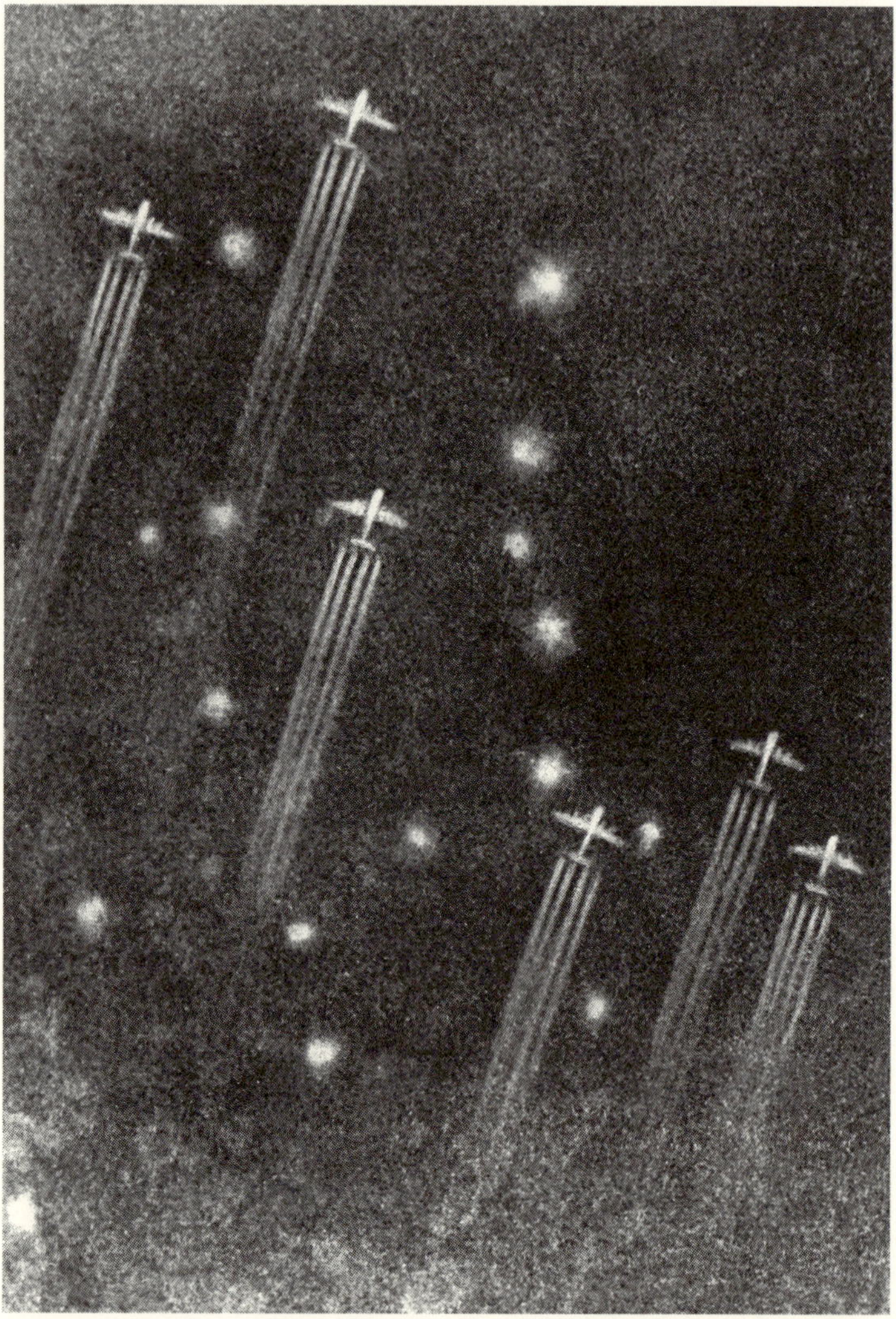

画像２－４　米軍Ｂ－29の飛行機雲と白い玉状に写る日本軍の高射砲弾（毎日新聞社提供）

報道関係のウエブサイトにも、毎日新聞に「私の夏空の思い出は米軍の爆撃機Ｂ29の飛行機雲です。戦争末期、毎日のようにやって来て、ジュラルミンの巨体で堂々と４条の白い飛行機雲をひきながら」（毎日新聞『みんなの広場』「夏空に思い出すＢ29飛行機雲＝無職・松森由博・82」２０１８年7月7日）、ＮＨＫに「Ｂ29編隊の先頭の８機がそれぞれ４条の長い飛行機雲を青空に鮮やかに引きながら、東から飛んできました」（ＮＨＫ『戦争証言アーカイブス』「戦争の記憶～寄せられた手紙から～　明石空襲　飛行機工場に動員されて　岡本尚さん（市民、男性）」）という記事があった。

はだしのゲンが見たＢ29の飛行機雲は１条

では、原爆爆発の直前までＢ29を目で追っていた当時６歳の中沢さんの記憶は、『はだしのゲン』でどんな飛行機雲を描かせたのだろうか。

１９７３年の『週刊少年ジャンプ』（集英社）25号から連載が始まった『はだしのゲン』の絵をそのまま使った英語ヴァージョンから２コマ紹介する。それらは、『はだしのゲン』の英語ヴァージョンを学校や図書館へ届けるキャンペーンへの参加を呼びかけるページ『The birth of Barefoot Gen』（はだしのゲンの誕生）に掲載された２コマ（画像２－５）（画像２－６）である。

画像２－５　中沢啓治『Barefoot Gen』（はだしのゲン），2004, Last Gasp より

画像２－６　中沢啓治『Barefoot Gen』（はだしのゲン），2004, Last Gasp より

＊The Website『Medium』, Keiji Nakazawa「The Birth of Barefoot Gen」uploaded by Last Gasp, Colin Turner in Sep. 9, 2015
https://medium.com/@lastgaspbooks/the-birth-of-barefoot-gen-d7ea8098ff68

中沢啓治さんの１９７３年の作品『はだしのゲン』を見ると、Ｂ29を２機描いたコマ（画像２－５）では、両主翼に計４つのプロペラが付いている発動機の後ろから飛行機雲が出ている様子が描かれている。『はだしのゲン』作成当時の中沢さんは、Ｂ29が４条の飛行機雲を出すことを知っていたことがうかがえる絵だ。

しかし、主人公のゲンがＢ29を見ているコマ（画像２－６）の機影には、主翼に付いた発動機のシルエットが４つ描かれているにもかかわらず、尾翼に連なる飛行機雲は１条だ。しかも、その飛行機雲は、先のＢ29の写真（画像２－４）とは明らかに違っているのである。Ｂ29の写真（画像２－４）の方は、両主翼に付いている発動機の存在がかろうじて見える程度であるのに、飛行機雲は、その発動機が並んだ幅で尾翼の後方から４条の線をひいているのがはっきりと見えるのである。

中沢さんはおそらく、大人になってＢ29のプロペラが作り出す飛行機雲が４条であることを知ったのだろう。しかしそれでもなお、中沢さんご本人を投影したゲンが原爆爆発前に見た飛行機雲は、細く1条で描くことにこだわったように見える。

「原爆を投下したB29の飛行機雲は細く長い1条だったんだ」

と6歳の子どもが訴えるかのような中沢さんの絵は、とてつもない情報を孕んでいた。

『はだしのゲン』はそういう意味でも、後世に非常に重い課題を残した貴重な作品である。

『はだしのゲン』に捧ぐ

――『はだしのゲン』と多くの皆さんのお力で本書がようやくたどり着いた結論を、中沢さんにお伝えできなかったことは残念でなりません。

飛行機雲は必ずしもB29が飛来した証拠ではありませんでした。日本の戦闘機も6000メートル以上の高度を飛べば飛行機雲ができます。

広島の被爆者の皆さんが爆発直前に見た飛行機雲は、本田稔さんが操縦する紫電改の、一つの発動機に取り付けられたプロペラが作り出した飛行機雲でした。

原爆を広島上空から見た唯一の戦闘機乗りは、「飛行機なんかぜんぜん見えないから、B29が落としたなんて思わなかったです。広島の火薬庫が爆発したのかと思った。バーンと上がってくるのが見えて、」と証言しています。

私には、被爆させられたみなさんの証言が、「米国は世界で最も恐ろしい原爆を投下できる！」という米国の宣伝のためと、極東の島が下から爆発させたのを隠蔽《いんぺい》するために、利用されてきたように思えてなりません。

どうして空襲警報が鳴らなかったのか、その理由を調べ抜いた拙書を、『はだしのゲン』に捧げます。——

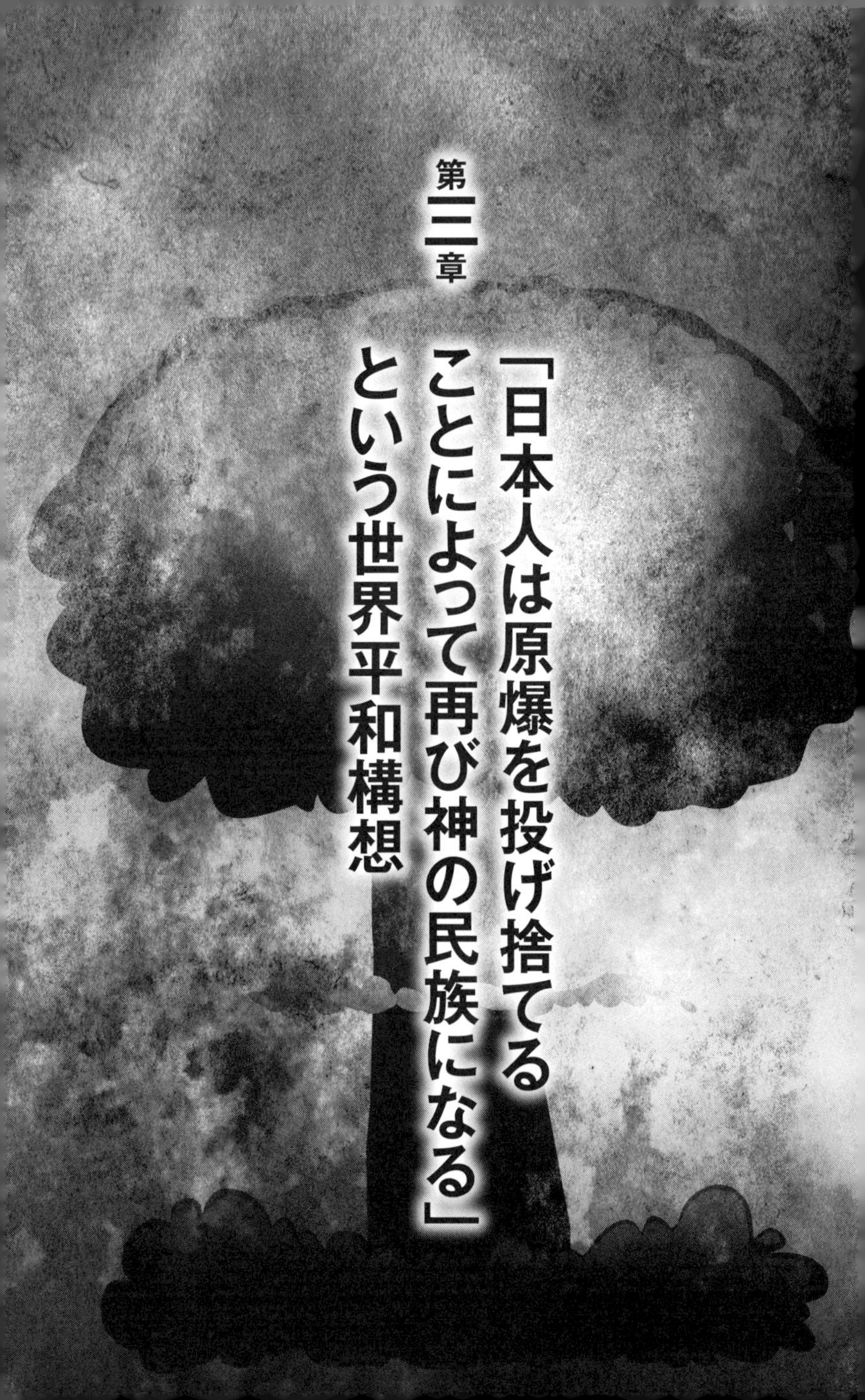

第三章

「日本人は原爆を投げ捨てることによって再び神の民族になる」という世界平和構想

9条の生みの親が考案した原爆を使う世界平和構想

世界警察が保有する原爆の脅威に降伏させる世界平和構想

「戦争放棄条項」の生みの親は、終戦直後の内閣総理大臣を務めた幣原喜重郎元首相（1872－1951／在任1945年10月9日－1946年5月22日）であった。そのことは、憲法調査会事務局発行の平野三郎筆記『幣原先生から聴取した戦争放棄条項等の生まれた事情について』に詳述されている。

その中で幣原元首相は、原子爆弾の出現ゆえに憲法に戦争放棄条項を入れたと説明しているのだが、そのロジックは、現在の私たちが思い描いている「戦争放棄＝平和」というロジックとは全く異なるものであった。

どう異なるのかというと、世界警察に世界最強の武力である原子爆弾を保有させることによって、世界各国を核の脅威の下に降伏させ、またその証として各国の憲法に戦争放棄条項を入れさせ、世界平和を実現するというロジックだ。

ただし、その世界平和構想の要を担うのは、原子爆弾にひれ伏した体《てい》で、日本人が手本を示す戦争放棄条項であるという。しかもそのために、――ここからがとんでもない話なのだが――日本人は原子爆弾を投げ捨てると説明している。

とても正気の沙汰とは思えない幣原元首相のロジックだ。しかし、これが日本のたどった、ほとんどの国民に知られていない現実である。

平野三郎筆記『幣原先生から聴取した戦争放棄条項等の生まれた事情について』

そのロジックが説明された箇所を、平野三郎筆記『幣原先生から聴取した戦争放棄条項等の生まれた事情について』*から引用しようと思う。

なお、この資料は、憲法調査会事務局が印刷した発行物である。憲法調査会は、憲法調査会法に基づいて1956年6月11日に内閣に設置され、1965年6月3日には同法の廃止に従って廃止されている。また、この資料の筆者である平野三郎氏は、憲法調査会が設置される前の衆議院議員在任中（在任1949年1月23日－1960年10月24日）、1951年2月下旬に世田谷区岡本町の幣原邸を訪ね、2時間ぐらいかけて幣原元首相の話を伺ったことが、この資料に記されている。

1951年2月下旬、幣原元首相曰く：

「凡そ人間と人間、国家と国家の間の紛争は最後は腕づくで解決する外はないのだから、どうしても武力は必要である。〈中略〉すなわち戦争をなくするための基本的条件は武力の統一であって、〈中略〉国際的に管理された武力が存在し、それに反対して結束するかもしれない如何なる武力の組み合せよりも強力である、というような世界である」

「世界平和を可能にする姿は、何らかの国際的機関がやがて世界同盟とでもいうべきものに発展し、その同盟が国際的に統一された武力を所有して世界警察としての行為を行う外ない。このことは理論的に昔から分かっていたことであるが、今まではやれなかった。しかし原子爆弾というものが出現した以上、いよいよこの理論を現実に移す秋が来たと僕は信じた訳だ」

「恐らく世界にはもう大戦争はあるまい。勿論、戦争の危険は今後むしろ増大すると思われるが、原子爆弾という異常に発達した武器が、戦争そのものを抑制するからである」

「僕は第九条によって日本民族は依然として神の民族だと思う。何故なら武力は神ではなくなったからである。神でないばかりか、原子爆弾という武力は悪魔である。日本人はその悪魔を投げ捨てることに依て再び神の民族になるのだ」

「好むと好まざるにかかわらず、世界は一つの世界に向って進む外はない。来るべき戦争の終着駅は破滅的悲劇でしかないからである。その悲劇を救う唯一の手段は軍縮であるが、ほとんど不可能とも言うべき軍縮を可能にする突破口は自発的戦争放棄国の出現を期待する以外ないであろう。同時にそのような戦争放棄国の出現も亦ほとんど空想に近いが、幸か不幸か、日本は今その役割を果たし得る位置にある」（平野三郎筆記『幣原先生から聴取した戦争放棄条項等の生まれた事情について』1964年2月、憲法調査会事務局）

整理してみよう。

・「国際的に統一された武力を所有して世界警察としての行為を行う」「如何なる武力の組み合せよりも強力」「原子爆弾という武力」から、世界警察に、世界最強の武器である原子爆弾を保有させるという構想がうかがえる。

・「国家と国家の間の紛争は最後は腕づくで解決する外はないのだから、どうしても武力は必要」「原子爆弾という異常に発達した武器が、戦争そのものを抑制する」から、世界各国を核の脅威の下に屈服させることができると考えていたことがわかる。

・「軍縮を可能にする突破口は自発的戦争放棄国の出現を期待する以外ない」から、核の脅威に屈服した証として、どこかの国が憲法に戦争放棄条項を入れることを期待していたことがわかる。

・「戦争をなくするための基本的条件は」「世界平和を可能にする姿は」から、世界平和を実現するというロジックが語られていたことがわかる。

・「日本は今その役割を果たし得る位置にある」から、世界平和構想の要を担うのは、原子爆弾にひれ伏した体で、日本人が手本を示す戦争放棄条項であると言わんとしていることがわかる。

「原子爆弾という武力は悪魔である。日本人はその悪魔を投げ捨てることによって」から、日本人は原子爆弾を投げて捨てることによって世界平和に貢献したいと考えていたことがうかがえる。

日本人は原爆を投げ捨てる

もう一度、幣原元首相が考案した日本の世界平和構想を要約しておこう。

その世界平和構想は、世界警察に世界最強の武力である原子爆弾を保有させることによって、世界各国を核の脅威の下に屈服させ、またその証として各国の憲法に戦争放棄条項を入れさせ、世界平和を実現するというロジックである。

そうした核の脅威を使った世界平和構想の要を担うのが、原子爆弾にひれ伏した体で、日本人が手本を示す戦争放棄条項である。しかもそのために日本人は、原子爆弾を投げ捨てるというのだ。

現代の日本の倫理観と常識でもって読もうとすると、「日本人はその悪魔（原子爆弾）を投げ捨てる」というフレーズは、とても難解である。

そこで、このフレーズを見ず知らずの外国の記録として、先入観を捨てて読んでみることにしよう――「原子爆弾を投げ捨てる」という限りは、投げる前に原子爆弾を所有していなければならない、しかもその原子爆弾をどこかに「投げ」て、さらに「捨てる」というのだから所有物ではなくなる――ということになる。

つまり、日本人はすでに所有していた原子爆弾を、広島と長崎に投げたにもかかわらず、自ら投げた原子爆弾の脅威におののいて自国の憲法に「戦争放棄条項」を入れ込み、原子爆弾の所有権を捨て、原子爆弾を所有させた世界警察にひれ伏す構図を作り出すことが、戦争放棄条項の目的であったと語っていたことになる。

すでに第一章と第二章で紹介した通り、原子爆弾はB29が投下したのではなく、下から爆発した可能性がある。原子爆弾を下から爆発したことの大義が、幣原元首相の世界平和構想なのだろうか。彼の言葉を解析した今は、あまりの嫌悪感に息苦しくなる。思考が凍結してしまいそうなくらいだ。

幣原首相が世界平和構想をマッカーサー元帥に進言

この資料には、その世界平和構想を、内閣総理大臣時代の幣原氏がマッカーサー元帥に進言したことが、次の通り記されている。

「憲法は押しつけられたという形をとった訳であるが、当時の実情としてそういう形でなかったら実際に出来ることではなかった。そこで僕はマッカーサーに進言し、命令として出して貰うように決心したのだが、〈中略〉誰にも気づかれないようにマッカーサーに会わねばならぬ。〈中略〉僕が元帥を訪問したのである。それは昭和二十一年の一月二十四日である。その日、僕は元帥と二人切りで長い時間話し込んだ」（同前）

敗戦の翌年1946年1月24日、日本の首相は、非公式でマッカーサー元帥と密会して、戦争放棄条項を憲法に入れるようGHQから命じてもらうことを嘆願し、その戦争放棄条項の理由が、原子爆弾の脅威を利用した世界平和構想であることを伝えた。というのが、戦後の日本政府の憲法調査会の調査結果である。

マッカーサーが幣原元首相の世界平和構想を上院外交軍事合同委員会で提言

1949年8月29日、ソ連が地上塔核実験に成功

幣原元首相は、1951年当時の衆議院議員平野氏に世界平和構想を語ると、その翌月の3月10日、満78歳で他界した。

一方、幣原元首相在任中の1946年1月24日にその構想を聞いたマッカーサー元帥（1880－1964）は、それを実現するすべもなく、1949年8月29日にはソ連が地上塔での核実験に成功した。米国の焦りは火を見るよりも明らかだろう。

北は樺太から、東アジア、ミクロネシア、そしてオーストラリアに至る広大な範囲で戦火を交えた大日本帝国を、たったの2発で降伏させたことになっている原子爆弾、それをソ連も持ってしまったのだから。

1951年5月、焦った米国の上院外交・軍事合同委員会

米国上院外交・軍事合同委員会では、1951年5月に、フルブライト上院議員（1905‐1995）が、ソ連と米国との間で戦争が勃発する可能性をマッカーサー元帥に尋ねた。するとその回答は、およそ軍人の口から出たとは思えない内容だった。

マッカーサー元帥は、「戦争は時代遅れ」ということを説明したのだ。その説明の趣旨は、――戦争の歴史を振り返ると、国家間で合意できない問題は剣闘士の戦いの結果に従ったが、それが徐々に市民の男性・女性や子どもまで巻き込む大規模な戦争に発展した。ソ連の大衆も戦争を望まないはず。平和のための打開策はある――というものであった。

それを聞いたマクマホン上院議員（1903‐1952）は、戦争を避ける打開策を尋ねた。マッカーサー元帥はその質問に対して、提言という形で回答している。

その提言の趣旨は、――好戦的な武士の民族でさえも原子爆弾に学んで戦争放棄条項を憲法に入れた。核戦争で交戦するとしても、原子爆弾はすでに現代文明の自殺の手段になってしまったのだから、これからは戦争に至る前に、各国の憲法に戦争放棄条項を入れさせるのがいい。それを実現するために米国はリーダーシップをとるべき――というものである。

ここで注目したいフレーズがある。「それはすでに現代文明の自殺の手段になってしまった」（原文：… it had become the method of suicide for modern civilization）というフレーズで、「それ」は原子爆弾を指している。

しかし、これでは世界に戦争放棄条項を書かせるための動機にはなり得ない、なんとも矛盾に満ちたフレーズである。

マッカーサー当人も、戦争を避ける打開策について、「それはそうとうに難しい力学の新設です」（原文：It is the establishment of the mechanics that are so difficult）と言っているくらいで、幣原元首相が平野氏に話したほど具体的には、マクマホン上院議員に説明しきれなかったことが察せられる。

ただし、この矛盾に満ちたフレーズを投げられたマクマホン上院議員は、当時有名な原子力利用の専門家であったことを留意しておかなければならないだろう。

彼は当時、上下両院による合同原子力委員会（JCAE: The Joint Committee on Atomic Energy）の委員長であり、「1946原子力法」（通称「マクマホン法」）の制定に最も貢献した人物なのだ。

では、この矛盾に満ちた難解なフレーズは、マクマホン上院議員に対して、何を理解させるために口にしたものなのだろうか？　探ってみよう。

米国上院外交・軍事合同委員会でのマッカーサーの提言

そこでここに、幣原元首相の世界平和構想に感化されたマッカーサー元帥の証言記録から、関係箇所を抄訳して紹介する。

その証言記録には、1951年5月4日と5日の米国上院外交・軍事合同委員会で、フルブライト上院議員とマクマホン上院議員の質問に答えたマッカーサー元帥の返事が記されている。

参考にしたのは、1951年6月発行の米科学誌『原子力科学者会報　第7巻第6号』の「マッカーサー元帥曰く、戦争は時代遅れ」という見出しの記事として掲載された彼の証言記録である。

①フルブライト上院議員の質問とマッカーサー元帥の回答

「**フルブライト上院議員**：元帥、あなたはロシアとの戦争は避けられないと感じているかどうかをお話しいただけますか？

マッカーサー元帥：いいえ、先生、私は戦争が避けられないとは感じていません。あなたが世界の凡人と呼ぶであろう世界の大衆は、断固として戦争に反対していると

私は思います。私たちの民と同様に、ロシアの大衆もそうだと思います。〈中略〉
あなたは戦争の歴史を理解しなければなりません。初めは一種の剣闘士の戦いでした、相手側が同意しなかった場合、相手側はこの剣闘士の戦いの決定に従って同意したことを理解しなければなりません。〈中略〉
次第に恐ろしい域にまで達した大規模破壊の科学的方法とともに、戦争は、勝者が何であるか、つまりどちらが勝者であるのかを決定し、協約を書き記すためのサイコロ投げの競技ではなくなりました。戦争は総力を結集することになりました。戦争は世界中の全ての男性、子ども、女性を巻き込んでいきました。〈中略〉
戦争は避けられないと言うのは、我々の文明における敗北主義の告白だと思います。国際連盟がその根本的な問題に取り組まなかったことが最大の過ちだと思います。〈中略〉まだ希望は残っています」(『Bulletin of the Atomic Scientists Vol. VII No. 6』June 1951, Educational Foundation for Nuclear Science, Inc.「General MacArthur: War is Obsolete」pp.167−168から抄訳/〈中略〉は筆者による)

②マクマホン上院議員の質問とマッカーサー元帥の提言

「**マクマホン上院議員**：さて元帥、問題全体を解決する打開策を見つけたことは、私たちに何か見込みはあるのですか？

マッカーサー元帥：私は昨日それを説明しようとしたのですよ。戦争廃止です。あなたはスタートを切らなければなりませんが、もちろん達成するまでに数十年はかかります。多少とも代替はありませんよ。誰よりもまずあなたは、核戦争の専門家としておわかりのはずです。〈中略〉

まさに日本人は世界の何人よりも、核戦争の意味を理解しています。理論上ではないですよ。彼らは亡骸を数え、そして葬ったのです。彼らは自らの意思で、戦争を禁止する条項を彼らの憲法に書きました。彼らの首相が私のところにやってきました。幣原氏です。そして言いました、〝私は長い間熟考して確信しました〟。彼はとても賢い老人で、最近亡くなりましたが、〝長い間熟考して、この問題の唯一の打開策は戦争を放棄することであると確信した〟と。〈中略〉

何世紀にもわたって戦争に従事し勝利を追い求めた武士の部族がありました。しかしその偉大な概念、喪失、大きな教訓、その爆弾（原子爆弾）は彼らに教え、理解され、そして彼らはその条項を適用しようとしていました。

今、もしも世界がこの種の戦い（核戦争）で交戦するならば、十分な判断力を持つべきでしょう。そのとき世界は、私が昨日取り上げようとしていたことを理解するた

めに、先の二つの戦争と私自身の考えを調査する。それ〈原子爆弾〉はすでに現代文明の自殺の手段になってしまったと。〈中略〉

それ〈打開策〉はそうとうに難しい力学の新設です。

それは、上院議員、あなたが各国の合意を得るために国連や他のフォーラムを通して試みる、私が提案した打開策です。合意してくれる各国とは、その打開策を受け入れ、憲法上の本文を持とうとする国。各国の議会はそれを討議し、断固反対するのが誰なのかを知る。

私はすっかりわかっていました。とにかくまず、すべての大国がするまで、どこの国もそれを実際に実行に移したりしないことを。もし仮に、その4、5ヶ国がそれをしたとしたら、他のどこかの国も背くことはできないでしょう。

それを話し合ってください。もし、あなたが議会の承認を経なければならないなら、条件付きで他でおやりなさい。世界の道徳のリーダーシップをとりなさい、それが我々の立場です。〈以下略〉」(『Bulletin of the Atomic Scientists Vol. VII No. 6』June 1951, Educational Foundation for Nuclear Science, Inc.「General MacArthur: War is Obsolete」p.168から抄訳/傍線、括弧〈 〉内、括弧( )内は筆者による)

米ソ戦争を回避する打開策はそうとうに難しい力学の新設

マッカーサー元帥は、「すべての大国がするまで、どこの国もそれを実際に実行に移したりしない」と、すべての大国が戦争放棄条項を憲法に入れるまで、どこの国も憲法に戦争放棄条項を入れないだろうと言っている。

だから、まずは大国4、5ヶ国が戦争放棄条項を憲法に入れ、そうすることで、他の国々が戦争放棄条項を憲法に入れないと言い張ることは不可能になるというのだ。

しかし、その大国の一つであるソ連は、すでに核実験に成功しているのである。ソ連が自国の憲法に戦争放棄条項を入れることなどあり得ないように思われる。

また、ソ連も核を保有しているというのに、米国のみが世界警察として核の脅威で世界の国々に戦争を放棄させることも不可能なはずだ。それなのにソ連が、戦争放棄条項を憲法に入れてくれという米国の提案を受け入れるはずがない。

ところが、軍事専門家であるマッカーサー元帥が考える兵法は、筆者の想像を超えていたようだ。

マッカーサー元帥は、米ソ戦争を回避する打開策が「戦争を放棄すること」であり、「それ（打開策）はそうとうに難しい力学の新設」だと言うが、その「力学」が何だったのかははっきり言わない。

そこでまずは、マッカーサー元帥が、米国のどんな兵法上の優位性をもって、すでに核を保有しているソ連の憲法に戦争放棄条項を入れさせることができると踏んでいたのかという点を、考えてみよう。

核保有において米国の兵法上の優位性とは何か？　それは、米国のみが、原爆をどこにでも飛行機で運んで投下する能力を持っていると思わせることに成功しているという点ではないだろうか。何しろ原爆は、連合軍の敵であった日本側の証言と、米国側の発表によって、米国が投下したという情報が世界中に流布され、世界の誰も疑う者がいない状況だ。

マッカーサー元帥が米国上院外交・軍事合同委員会で提言した１９５１年5月の時点で、ソ連は、原爆を飛行機で投下する能力がなかったのだから、兵法上、米国に負けているのである。

そもそも大日本帝国を占領したマッカーサー元帥の歴史認識では「それ（原子爆弾）はすでに現代文明の自殺の手段になってしまった」からこそ、兵法として、「そうとうに難しい力学」だったのではないだろうか。

5大国しか核保有を許さない条約が1968年に採択された

米ソ戦争を回避する打開策がソ連の原爆投下実験の成功で破綻

ところが、マッカーサー元帥が米ソ戦争を回避する打開策を提言した5ヶ月後、ソ連は飛行機からの原爆投下に成功したという兵法上のカードを切ってきた。

これが、マッカーサー元帥の提言した打開策の「そうとうに難しい力学の新設」が破綻した瞬間である。つまり、「そうとうに難しい力学の新設」は、ソ連が飛行機から原爆を投下することに成功したという情報によって破綻したのである。

そういう情報によって打開策が破綻したと解釈した根拠は、その後、続々と大国が飛行機から原爆を投下することに成功したと報じ、米国が大国の憲法に戦争放棄条項を書き入れさせるだけの兵法上の優位性を失ったからである。

その結果、核拡散防止条約（1968年採択・署名、1970年発効）をもって、米国のみならずソ連を含む大国5ヶ国が、核保有国として世界警察の力を持つことになる。

つまり、マッカーサー元帥の米ソ戦争回避の打開策であるところの、米国のみが世界警察になるという「そうとうに難しい力学の新設」は、実現しなかった。

英仏露中も飛行機からの原爆投下実験に成功

では、そのあたりの兵法上の成り行きを、時系列で箇条書きに整理してみる。

核戦争 1945年8月6日、日本に対して、米国が飛行機から原爆投下したことになっている

核戦争 1945年8月9日、日本に対して、米国が飛行機から原爆投下したことになっている

政治 1946年1月24日、幣原総理大臣が、マッカーサー元帥に、世界警察だけが原子爆弾を保有することによって世界各国の憲法に戦争放棄条項を入れさせる世界平和構想を提言

核実験 1949年8月29日、ソ連が地上塔核実験に成功

政治 1951年5月4日・5日、マッカーサー元帥が、米国上院外交・軍事合同委員会でマクマホン上院議員に、米ソ戦争を回避する打開策を提言

核実験 1951年10月18日、ソ連が飛行機からの原爆投下実験に成功したことになっている＊

政治 1952年の大統領選に向けて、マクマホン上院議員が出馬の準備を進めていたが、癌に倒れて他界

政治 1952年、マッカーサー元帥も大統領選に意欲を示すが、共和党の大統領指名投票で敗れる

核実験 1952年10月3日、英国が北西オーストラリア沖のサンゴ礁に停泊する船の中で核爆発を起こすことに成功

核実験 1956年10月11日、英国が飛行機からの原爆投下実験に成功したことになっている＊

核実験 1960年2月13日、フランスがアルジェリア中部で地上塔核実験に成功

政治 1964年4月5日、マッカーサー元帥が他界

核実験 1964年10月16日、中華人民共和国がタクラマカン砂漠北東部で地上塔核実験に成功

核実験 1965年5月14日、中華人民共和国が飛行機からの原爆投下実験に成功したことになっている＊

核実験 1966年7月19日、フランスが飛行機からの原爆投下実験に成功したことになっている*

*US. DEPARTMENT OF THE INTERIOR GEOLOGICAL SURVEY『OPEN FILE REPORT 01 – 312』Sep. 2001, Vitaly V.Adushkin & William Leith「The Containment of Soviet Underground Nuclear Explosions」p. 15

*Wayne C. Hanson『Transuranic Elements in the Environment: A Summary of Environmental Research on Transuranium Radionuclides Funded by the U.S. Department of Energy Through Calendar Year 1979』1980, Technical Information Center/U.S. Department of Energy, p. 59

*『Bulletin of the Atomic Scientists Vol. 45, No. 8』Oct. 1989, Educational Foundation for Nuclear Science, Inc. p. 48

*Vlado Valkovic『Radioactivity in the Environment: Physicochemical aspects and applications』26 Sep. 2000, Elsevier, p. 534

1951年5月にマッカーサー元帥が提言した時点では、米国は世界で唯一、原子爆弾を飛行機から投下できる国のはずだった。しかしソ連がその5ヶ月後、まるでマッカーサー元帥の提言を聞いていたかのように、飛行機からの投下に成功したことになった。

するとマクマホン上院議員は大統領選への準備を進めるが、癌に倒れてしまう。マッカーサーも大統領選に出馬するが序盤戦で敗れてしまった。そこへ英国が核保有国に加わり、飛行機からの原爆投下実験に成功したと報じてソ連に対抗する。続いてフランスも核保有国に加わる。

さらにマッカーサーの提言から14年が過ぎると、中華人民共和国も飛行機からの原爆投下実験に成功したと報じ、それに対抗するようにフランスも飛行機からの投下に成功したと報じた。

こうして1966年、原子爆弾を飛行機で投下できると自称する国が、米国を含めて5ヶ国になった。しかも中華人民共和国以外は、国連安保理常任理事国であった（1971年10月25日の国連総会で中華人民共和国が常任理事国と認められるまでは、中華民国が常任理事国であった）。

核拡散防止条約で5ヶ国のみが核保有を許された世界警察に

この分でいくと、核保有国はもっと増えていきそうな勢いだ。

マッカーサー元帥の歴史認識である「それ（原子爆弾）はすでに現代文明の自殺の手段になってしまった」を頼るなら、ソ連の原子爆弾も米国に投下できないはずである。しかし互いの科学の進歩は不明である。そのため、互いの威嚇は兵法として、ぎりぎり有効だったのではないだろうか。
そんな状況下で、米国のみならずソ連を含む大国5ヶ国が核保有国として世界警察の力を持つ形で、幣原元首相の世界平和構想が実現する。1968年6月12日に国連総会本会議で採択された「核拡散防止条約」である。この条約は同年7月1日に署名され、1970年3月5日に発効している。*

*国立研究開発法人日本原子力研究開発機構『核不拡散ポケットブック』「1章　核兵器不拡散条約（NPT）1・1　NPT設立に至る背景・経緯」

では、この「核拡散防止条約」の条文のどの部分に、国連安保理常任理事国5ヶ国を世界警察にする力があるのか、確認してみよう。
国立研究開発法人日本原子力研究開発機構『核不拡散・核セキュリティ総合支援センター』のウエブサイトから引用する。

TREATY ON THE NON-PROLIFERATION OF NUCLEAR WEAPONS

〈前文略〉

第一条［核兵器国の不拡散義務］

締約国である核兵器国は、核兵器その他の核爆発装置又はその管理をいかなる者に対しても直接又は間接に移譲しないこと及び核兵器その他の核爆発装置の製造若しくはその他の方法による取得又は核兵器その他の核爆発装置の管理の取得につきいかなる非核兵器国に対しても何ら援助、奨励又は勧誘を行わないことを約束する。

第二条［非核兵器国の拡散回避義務］

締約国である各非核兵器国は、核兵器その他の核爆発装置又はその管理をいかなる者からも直接又は間接に受領しないこと、核兵器その他の核爆発装置を製造せず又はその他の方法によって取得しないこと及び核兵器その他の核爆発装置の製造についていかなる援助をも求めず又は受けないことを約束する。〈中略〉

第九条［署名・批准・加入・効力発生・核兵器国の定義］〈中略〉

3．〈中略〉この条約の適用上、「核兵器国」とは、千九百六十七年一月一日前に核兵器その他の核爆発装置を製造しかつ爆発させた国をいう。〈以下略〉

（国立研究開発法人日本原子力研究開発機構『核不拡散・核セキュリティ総合支援センター』「核兵器の不拡散に関する条約（NTP）」 https://www.jaea.go.jp/04/iscn/archive/infcirc140/index.html）

この条約は、1967年1月1日より前に核実験に成功した米国、ソ連、英国、フランス、中華人民共和国、この5ヶ国の核保有を認めている。

つまり、この条約が発効した翌年に国連安保理常任理事国になる中華人民共和国を含め、常任理事国5ヶ国のみが「核兵器国」として国連で認められたのである。

一方、その他の国は、核兵器を譲渡されてもダメ、製造してもダメ、製造方法を聞いてもダメ、預かってもダメという条約である。

常任理事国は、核兵器を保有しているというだけで他国を威圧できる存在になったことがわかる。まさに幣原元総理が思い描いた世界警察の出来上がりである。

世界警察が原爆を保有しても世界各国は戦争放棄しなかった

さて、この条約は、世界各国の憲法に戦争放棄条項を書き込ませるという日本製の世界平和構想を実現することができたのだろうか。その結果は皆様がご存知の通りである。

インドが1974年に核実験に成功し、1979年に南アフリカとイスラエルが核実験をしたとされ、1998年にパキスタンが北朝鮮の代理で核実験をしたと考えられている。北朝鮮を除くそれらの国は、いずれも核実験当時は「核拡散防止条約」の締約国ではなかった。

結果として、世界各国が原子爆弾の脅威にひれ伏して戦争放棄条項を憲法に書き込ませるという世界平和構想は、成就しなかった。核保有国がどんどん増えてしまったのだから。

ではなぜ、核保有国がどんどん増えてしまうというような展開になっていったのか。その原因の一端は、1951年6月に発行された米国の『原子力科学者会報 第7巻第6号』「マッカーサー元帥曰く、戦争は時代遅れ」に記されたマッカーサー元帥の証言にもあるのかもしれない。

マッカーサー元帥が、過去完了形（過去のある時点で完了していることを表す語形）の「had」を用いて、「それ（原子爆弾）はすでに現代文明の自殺の手段になってしまった」（原文：…it had become the method of suicide for modern civilization）と言った記事が、米国の科学誌に掲載されて出版されたのだ。

この記事を慎重に解釈すれば、B29から投下したはずの原子爆弾が、自殺の手段だったことになる。要するに日本側の自爆だ。

さらにそのフレーズは、「原子爆弾を飛行機から投下した」と言ったもん勝ち、という兵法に気づかせるヒントになったと言えるのかもしれない。

第四章

英国首相の最高機密文書に「原爆は日本人に対して使用すべき」

1930年、昭和天皇が英国正規軍の陸軍元帥に昇格

この章では、英米が日本人に原子爆弾を使用することを合意するまでの、英米の軍事に関係する動きを時系列でたどってみる。

1930年6月26日、昭和天皇が、英国の正規軍の陸軍元帥（Field Marshal）に昇進した。そのことが、英国戦争省（陸軍省）からの1930年6月27日の発表として、英国の一級史料である英国官報『ロンドン・ガゼット』（1930年6月27日付け）に掲載されている。

昇格する前の昭和天皇の階級は名誉職の英国陸軍大将（General）であった。まだ親王時代の1921年5月9日に英国王から任命されたものだ。そのことは、6日付け『ロンドン・ガゼット』の付録第2号（9日付け）と付録第3号（9日付け）の記事の2回と、さらに13日金曜日付けの『ロンドン・ガゼット』の付録（13日付け）の記事とで合計3回にわたって掲載されている。まずは、その付録第2号の記事を和訳する。

戦争省、

1921年5月13日。

英国王陛下は畏れ多くも、バス勲章およびロイヤル・ヴィクトリア勲章の裕仁親王殿下、日本の皇太子を、名誉職の英国陸軍大将に叙任なされた。1921年5月9日付け。

（『SECOND SUPPLEMENT to The London Gazette of Friday, the 6th of May, 1921.』発効番号32317、ページ番号3737　https://www.thegazette.co.uk/London/issue/32317/supplement/3737）

次に、昭和天皇が英国の戦争省の正規軍の陸軍元帥に昇格したことを報じた1930年6月27日付けの『ロンドン・ガゼット』の原文を引用して和訳する。

戦争省、

1930年6月27日。

正規軍。

ガーター勲章、バス勲章、ロイヤル・ヴィクトリア勲章の英国陸軍大将である裕仁天皇陛下、日本の天皇が、英国陸軍元帥に昇格。1930年6月26日付け。

〈War Office, 27th June, 1930. REGULAR ARMY. General His Imperial Majesty Hirohito, Emperor of Japan, K.G., G.C.B., G.C.V.O., to be Field-Marshal. 26th June 1930.〉（『The London Gazette』発行番号３３６１９、ページ番号４０２８　https://www.thegazette.co.uk/London/issue/33619/page/4028）

なお、昭和天皇の陸軍元帥という英国軍人としての階級は、第二次世界大戦への参戦をもって剝奪されたという見方と、陸軍元帥は終身制だという見方がある。英紙一の発行部数を誇る『ザ・テレグラフ』は、後者の解釈をとっているようだ。２００１年３月26日付けの紙面では昭和天皇のことを、第二次世界大戦中に恥を晒してくれた陸軍元帥だと酷評している。次に、その記事の関係箇所を抄訳する。

見出し「陸軍元帥総出で元帥杖《げんすいじょう》に礼す」

〈中略〉

ジョージ２世が１７３６年に陸軍元帥の階級を創設して以来、わずか１３８名がその階級を獲得している。陸軍元帥は、奇妙なことに、日本の天皇裕仁を含む。彼は99番目の任用で、第二次世界大戦中（１９３９－１９４５）に恥を晒してくれた人物だ。

〈以下略〉（『The Telegraph』26 March 2001, Caroline Davies「Full muster of field marshals salutes the baton」）

一方、英国の王立印刷局発行の『季刊 陸軍将校名簿』には、昭和天皇が名誉職ではない英国陸軍の階級を持っている外国君主として、日本が第二次世界大戦に参戦する時期に相当する１９４１年冬季号（10月号）まで、毎号掲載されている。しかしそれ以降の号には掲載がない。ただし掲載がないことをもって英国陸軍元帥の階級が剝奪されたと言い切ることができないことも、軍事上の情報であることに鑑みて、留意が必要かもしれない。ともあれ、その名簿の画像をスコットランド国立図書館がウエブ公開しているので、関係箇所を抄訳しておく。

「名誉連隊長または連隊の名誉大佐他である外国君主、または陸軍の階級を持つ外国君主」〈中略〉

ガーター勲章、バス勲章、ロイヤル・ヴィクトリア勲章の英国陸軍元帥である日本の天皇、裕仁陛下。（His Majesty's Stationery Office『THE QUARTERLY ARMY LIST OCTOBER, 1941』corrected to 25th September, 1941）

このことから昭和天皇は、英国の正規軍の陸軍元帥として、少なくとも１９４１年までは、英国の戦争省に属していたことがわかる。

1939年、アインシュタイン「原子爆弾は飛行機で運ぶには重すぎる」

1939年8月2日、米国大統領に宛てたアインシュタインの手紙

アインシュタインは、1939年、ルーズベルト米大統領宛ての手紙に、原子爆弾は飛行機で運ぶには重すぎるので船で運ぶタイプの爆弾だということを書いている。

当時米国に住んでいたアインシュタインは、生まれはドイツであったが、まだ米国籍を取得できていないスイス人という立場であった。

そのアインシュタインが大統領に手紙を出すに至ったのは、米国に移住したばかりのイタリア人物理学者エンリコ・フェルミと、ハンガリー生まれで米国在住のユダヤ系物理学者レオ・シラード、この二人の研究を原稿の形で読んだことに端を発することになっている。

その手紙の目的は、核分裂連鎖反応の研究が後にエネルギーとして利用できることと、爆弾として使用できることの2点を、国益につながる案件として大統領に伝えることで、

ウラン鉱石の確保と原子力研究への助成の仕組みを米国に作ってもらうことだったようだ。

2ページにわたるその手紙は、フランクリン・D・ルーズベルト大統領図書館・博物館が所蔵し、米国エネルギー省科学技術情報局のウエブサイトに掲載されている。ここでは、ウランの核爆発を爆弾として利用する方法に焦点を絞って、1ページ目（画像4-1）の灰色でマークした部分を抄訳する。

アルバート・アインシュタイン
オールド グローブ ロード
ナッソー ポイント
ペコニック、ロングアイランド
1939年8月2日

F・D・ルーズベルト
アメリカ合衆国大統領
ホワイトハウス
ワシントンDC

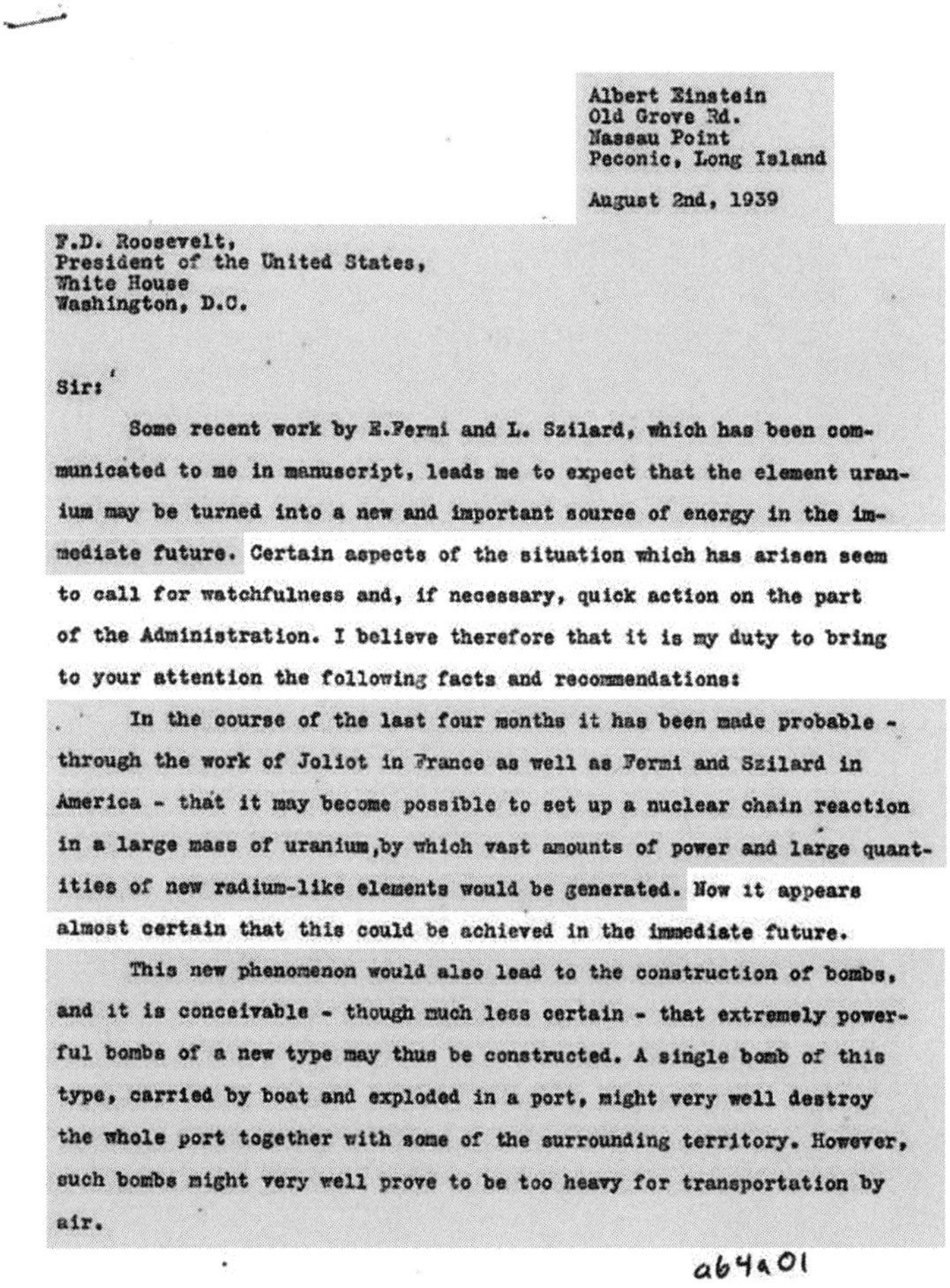

Albert Einstein
Old Grove Rd.
Nassau Point
Peconic, Long Island

August 2nd, 1939

F.D. Roosevelt,
President of the United States,
White House
Washington, D.C.

Sir:

Some recent work by E.Fermi and L. Szilard, which has been communicated to me in manuscript, leads me to expect that the element uranium may be turned into a new and important source of energy in the immediate future. Certain aspects of the situation which has arisen seem to call for watchfulness and, if necessary, quick action on the part of the Administration. I believe therefore that it is my duty to bring to your attention the following facts and recommendations:

In the course of the last four months it has been made probable - through the work of Joliot in France as well as Fermi and Szilard in America - that it may become possible to set up a nuclear chain reaction in a large mass of uranium,by which vast amounts of power and large quantities of new radium-like elements would be generated. Now it appears almost certain that this could be achieved in the immediate future.

This new phenomenon would also lead to the construction of bombs, and it is conceivable - though much less certain - that extremely powerful bombs of a new type may thus be constructed. A single bomb of this type, carried by boat and exploded in a port, might very well destroy the whole port together with some of the surrounding territory. However, such bombs might very well prove to be too heavy for transportation by air.

a64a01

画像４－１　アインシュタインがルーズベルト大統領に宛てた手紙（フランクリン・D・ルーズベルト大統領図書館・博物館蔵）

閣下‥

私に原稿の形で伝えられたエンリコ・フェルミとレオ・シラードの最近の研究は、ごく近い将来、ウラン元素が重要な新しいエネルギー源になるかもしれないという期待を抱かせます。〈中略〉

ここ4ヶ月の内に、アメリカのフェルミとシラードの研究ばかりかフランスのジョリオの研究でも、大量のウランの中で、ラジウムのような大量の新しい元素と巨大な力を産み出す核の連鎖反応を起こせるようになるという可能性が高まっています。〈中略〉

この新しい現象はまた、爆弾の建造につながるでしょう。したがって、あまり確かではないのですが、新型の極めて強力な爆弾が建造されるかもしれないということが考えられます。船で運ばれ港湾で爆発するこの新型爆弾は、たった一つで、港湾全体をその周辺地域もろとも見事に破壊するかもしれません。ただし、こうした爆弾は、飛行機で運ぶには重すぎることがすごくよくわかるかもしれません。〈以下略〉（米国エネルギー省科学技術情報局のウエブサイト『The Manhattan Project an interactive history』「EINSTEIN'S LETTER TO ROOSEVELT」より抄訳／括弧〈 〉内は筆者による）

なお、この手紙の2ページ目の終わりには、ドイツの原子爆弾開発についての脅威が記されている。しかし当時公開された論文から見える核開発の進捗状況とは異なるため、抄訳を避けて、次の章で当時の核開発の状況を説明する。

アインシュタインの手紙で注目すべき重要ポイント4つ

その上で、この手紙において、注目したい重要な点が4つあることを紹介したい。

①爆弾の建造

一つは、新型爆弾は製造されるのではなく建造されると記されていることだ。英語では、「この新しい現象はまた、爆弾の建造につながるでしょう」と和訳した部分の原文は「This new phenomenon would also lead to the construction of bombs」と記されている。また「新型の極めて強力な爆弾が建造されるかもしれない」の原文は「extremely powerful bombs of a new type may thus be constructed」である。

ここは、爆弾は建造されるものではないという先入観を持って意訳してはいけない部分である。その爆弾は、「飛行機で運ぶには重すぎる」と説明しているからには、船上から大砲で発射できるような重さでもなさそうだ。

さらに「港湾全体をその周辺地域もろとも見事に破壊する」と説明していることから、新型爆弾を発射しないで爆発させる船体が無事でいるはずもない。ここから連想されるのは、1952年の英国初の核実験が船内で核爆発させていることである。

このことから、アインシュタインが言うウランを核爆発させる新型爆弾は、船に建造されることを想定していることが推察できる。

②水上起爆

一つは、「船で運ばれ港湾で爆発するこの新型爆弾」という部分である。

つまり、ウランを爆発させる新型爆弾は、水上運送され、水上で起爆されるというのだ。広島原爆の爆心地は川岸がえぐり取られていることから元安川であった可能性がある。また、長崎の爆心地も、橋や架線柱の損壊や熱線による炭化したご遺体の位置から、浦上川であった可能性がある。アインシュタインの手紙は、このことを裏付けるような説明である。

③飛行機で投下できない

一つは、「こうした爆弾は、飛行機で運ぶには重すぎる」という部分である。ウランを核爆発させる新型爆弾は、飛行機で運べないので投下もできないということになる。

本土防空の任にあった紫電改のパイロットは、広島原爆の爆発で吹き飛ばされる前までB29を見ていないと証言している。広島原爆もウランを爆発させる新型爆弾であるが、飛行機では投下できなかったのではないだろうか。

④船で爆発させても周辺地域もろとも破壊できる

一つは、「新型爆弾は、たった一つで、港湾全体をその周辺地域もろとも見事に破壊する」と言っている部分である。つまり、ウランを核爆発させる新型爆弾は、船で爆発させても、広島や長崎の原爆被害の規模のように、広いエリアを破壊することが想定されていたことがわかる。

これらの4点から、広島原爆は元安川で起爆させられ、長崎原爆は浦上川で起爆させられた可能性を問う本書の仮説は、アインシュタインが手紙で説明した新型爆弾の想定と一致していることがわかる。

アインシュタインの手紙を受けた米国の対応

ただし、1939年8月2日の時点で、ウラン爆発に成功した実験はまだなかったことになっている。アインシュタインはどうやって、ウラン爆発による破壊の規模を予測したのだろうか？　本当にその時点でウラン爆発に成功した実験はなかったのか、次の章で検証する。

なお、米国大統領宛てのアインシュタインの手紙に記されているアインシュタインの住所は、当時も今も実在しない。

そんな怪しげな手紙の差出人である外国人が、米国大統領に「新型の極めて強力な爆弾が建造される」と予告した翌月、1939年9月1日、ヨーロッパで第二次世界大戦が勃発した。

まだこの戦争に対して中立であった米国のルーズベルト大統領は、翌10月19日に怪しげなアインシュタインに対して返事を書き、その3日後にはアインシュタインの進言に従って、ウランを研究するために民間人と軍人の代表からなる委員会を設置した。* ウラン諮問委員会（The Uranium Committee）である。

そのウラン諮問委員会が同年11月11日に初めての報告書を提出すると、ルーズベルト大統領は、翌年の1940年6月、軍事研究のために科学界の総力を集めた「国防研究委員会（NDRC）」を設置した。*

さらに1941年6月28日、「国防研究委員会（NDRC）」を諮問機関に持つ形で科学研究開発局（OSRD）が設置され、ウラン諮問委員会も同局に移管されてS－1委員会となった。*

*U.S. Department of Energy's website『The Manhattan Project an interactive history』「Einstein's Letter, 1939」

*U.S. Department of Energy's website『The Manhattan Project an interactive history』「EARLY URANIUM RESEARCH（1939－1941）」

*Atomic Heritage Foundation's website『Manhattan Project History』「The S-1 Committee」

こうしてアインシュタインの進言に従って、米国の原子爆弾開発は滑り出した。

１９４０年、英国がウラン爆発軍事応用委員会を設置

1940年4月、英国のウラン爆発軍事応用委員会がスタート

１９４０年4月10日に原子爆弾製造の可能性が、英国王立協会（The Royal Society of London for Improving Natural Knowledge）で秘密裏に検討された。＊するとその結果を受けたウィンストン・チャーチル首相が、その翌月に新設した航空機生産省の大臣の管轄下に、ＭＡＵＤ委員会を設置した。＊そして同委員会は、１９４１年7月の最終報告書をもって解散している。

ＭＡＵＤという名称は、当時はカムフラージュのための暗号であった。しかし、その目的が原子爆弾製造の可能性を検討することであったことから、後世にウラン爆発軍事応用（Military Application of Uranium Detonation）の略称だったとも言われている。＊

また米国側も、同年秋からＭＡＵＤ委員会と連絡を取り合っていった。＊

＊Atomic Heritage Foundation's website『Manhattan Project History』「Britain's Early Input -

1940－41」

＊R. C. S. Trahair『From Aristotelian to Reaganomics: A Dictionary of Eponyms with Biographies in the Social Sciences』1994, Greenwood Publishing Group, p. 408

＊R. C. S. Trahair『From Aristotelian to Reaganomics: A Dictionary of Eponyms with Biographies in the Social Sciences』1994, Greenwood Publishing Group, p. 408

＊U.S. Department of Energy's website『The Manhattan Project an interactive history』「THE MAUD REPORT (1941)」

1941年3月、英国のウラン爆発軍事応用委員会・中間報告書

翌年1941年3月にMAUD委員会の中間報告書が出た。その報告書の「結論と勧告」を原子力遺産財団のウエブページから和訳する。

8．結論と勧告

（i）当委員会は、ウラン爆弾の計画は実行可能であり、戦争において決定的な結果をもたらしそうだと考えています。

（ii）この研究は、最優先で、また可能な限り短い時間で武器を獲得するために、必

要な規模を拡大して進めることを勧告します。

(ⅲ) 現在のアメリカとの協力は、特に実験的研究の分野において継続され、拡大されるべきでしょう。(Atomic Heritage Foundation's website『Manhattan Project History』「MAUD Committee Report」)

こうして英国は、ウラン爆弾計画を最優先として、米国との協力も拡大し、戦争において決定的な結果をもたらすために研究を進めていくことになる。

また米国へもこの英国の中間報告書は送られたのだが、米国のウラン諮問委員会の委員長は同委員会のメンバーには見せなかった。米国の手応えがないことに業を煮やしたオーストラリア人物理学者マーク・オリファントが米国を訪問して働きかけた。それでようやく英国のMAUD委員会の中間報告書を、米国の「国防研究委員会(NDRC)」の議長のもとに届けることができた。*

* Atomic Heritage Foundation's website『Manhattan Project History』「The S-1 Committee」

ただし、実際に米国に影響した報告書は、MAUD委員会の1941年3月の中間報告書ではなく、7月の最終報告書だったとされている。

イギリス連邦の科学者も英国のウラン爆発軍事応用委員会に参加

ここで留意しておきたいことが2点ある。

一つは、オーストラリアの物理学者が英国の軍事機密を扱うＭＡＵＤ委員会の報告書を見る立場にあり、さらにその報告書の勧めの通り、米国との協力の拡大を取り付けようと働きかけている点である。当時のオーストラリアと英国との関係は、オーストラリアの国家元首がジョージ6世であり、イギリス連邦（The British Commonwealth of Nations）の一員であることだ。つまり、英国は、大英帝国内の科学者の総力をあげて、ウラン爆発の軍事応用に取り組んでいたことが察せられる。

このことから、英国領の物理学者も、例えば英国領日本の物理学者も、英国のウラン爆発軍事応用委員会に参加していた可能性が浮上する。しかもこのウラン爆発軍事応用委員会がスタートした１９４０年4月から１９４１年7月の解散までの間は、昭和天皇の名が、英国の王立印刷局発行の『季刊 陸軍将校名簿』に名誉職ではない英国の陸軍元帥として掲載されているのである。また、当時の英国領日本の物理学者の研究成果がどうであったかは、次の第五章で検証していく。

もう一つ留意しておきたい点は、英国のウラン爆発軍事応用委員会は、米国との協力なしでウラン爆弾計画を実現できないと考えていた点である。

１９４１年11月、英国が暗号名「チューブ・アロイズ局」を開設

さて、１９４１年3月のＭＡＵＤ委員会の中間報告を受けた英国のウラン爆弾計画は、どういう方向に向かったのか。

英国科学技術諮問委員会はウラン235を爆発させる爆弾開発を勧告

原子力遺産財団のウエブページの「British Nuclear Program」（英国の核計画）には次のことが説明されている。

ＭＡＵＤ委員会の3月の報告書を吟味した後で、英国科学技術諮問委員会は、ウラン爆弾を高い優先順位と判断した。同委員会は、ウラン２３５を分離する試験場を英国に建設し、続いてカナダに本格的な工場を建設するようにと勧告した。（Atomic Heritage Foundation's website『Manhattan Project History』「British Nuclear Program」）

チャーチル首相はチャーウェル卿の提案を支持

しかしそれに対して英国のチャーチル首相は、次のように主張した。

英国人歴史家ブレイク卿と米国人歴史家ウィリアム・ロジャー・ルイスが共著したオックスフォード大学の学術書『Churchill』（チャーチル）の438ページから抄訳する。

「個人的には、私は現在の爆発物に非常に満足しています。改善してはいけないと思います。したがって、チャーウェル卿が提案する意味で行動を起こすべきだと思います。そしてその責任ある大臣にはジョン・アンダーソン卿が就くべきでしょう。〈以下略〉」（Robert Blake, Wm. Roger Louis『Churchill』1996, Clarendon Press, p. 438／傍線は筆者による）

チャーウェル卿の提案は高速中性子でウランを爆発させる爆弾開発

チャーウェル卿とは、チャーチル首相の科学顧問であった実験物理学者のフレデリック・アレクサンダー・リンデマンのことである。「チャーウェル卿が提案する意味」も、同書においてチャーチルの主張の前に説明されているので抄訳する。

「チャーチルは、リンデマンから、まず1920年代に核エネルギーの放出の最終的な可能性を警告されていた。再び1939年の核分裂の発見の後でも警告された。その後リンデマンは、数年間は危険はなく、当時の知識に照らして、それでも爆発は弱いものにすぎないとアドバイスした。

しかしリンデマンのその推断は低速中性子による分裂に基づいていた。1941年までに高速中性子による分裂が予想され、これが巨大な爆発につながる可能性があった。

リンデマンはその後、爆弾の開発は戦争中に実行可能であると勧告した」（Robert Blake, Wm. Roger Louis『Churchill』29 February 1996, Clarendon Press, p. 438／傍線は筆者による）

つまり、「チャーウェル卿が提案する意味」というのは、「高速中性子による分裂」の巨大な爆発をする爆弾の開発を意味する。

「低速中性子による分裂」と「高速中性子による分裂」については、第六章で詳しく説明するが、ここでは簡単に説明する。

チャーウェル卿（リンデマン）が推断した弱い爆発を起こす「低速中性子による分裂」と

は、低速中性子（熱中性子）によるウラン235（濃縮ウラン）の核分裂連鎖反応を指す。現代なら、原子力発電所の軽水炉内で、ウラン235の核分裂で放出される中性子の数を制御して臨界（核分裂連鎖反応の一種）を維持することが可能だが、彼はそれを制御しなかった場合の核分裂連鎖反応を推断したと考えられる。

一方、1941年までに予想されていた巨大な爆発につながる可能性のある「高速中性子による分裂」とは、ウラン235とウラン238が高速中性子を取り込んで核分裂連鎖反応する爆発を指す。

なお、日本では、ウラン238が高速中性子で爆発する原子爆弾（核分裂爆弾）の原料の一つであることを否定する情報が常識になっているが、このことは国連が信頼する研究所が肯定する情報であることを第六章で詳述する。

つまり、チャーチル首相の考えを具体的に言うと、英国科学技術諮問委員会が勧告した「低速中性子（熱中性子）でも核分裂連鎖反応するウラン235を分離して濃縮ウランを作る工場の建設」には否定的であり、チャーウェル卿（リンデマン）が提案した「高速中性子で核分裂連鎖反応させて巨大な爆発を起こすウラン（おそらくウラン238）爆弾の開発」を支持していたと考えられる。

1941年11月、チャーチル首相はチューブ・アロイズ局を設置

こうしてチャーチル首相は、1941年11月、原子兵器の開発に関する研究を継続するためのチューブ・アロイズ局（The Directorate of Tube Alloys）を設置した。*

＊The National Archive of the UK「Tube Alloys Consultative Council and Combined Policy Committee (Atomic Energy): Minutes and Papers」

そのチューブ・アロイズ局を所管したのが、枢密院議長のジョン・アンダーソン卿が大臣を務める科学産業研究省（The Department of Scientific and Industrial Research）である。*

＊Atomic Heritage Foundation's website『Manhattan Project History』「British Nuclear Program」

1940年から1941年にウラン爆発の軍事応用を検討したMAUD委員会は航空機生産省の管轄であったが、チューブ・アロイズ局は航空機生産省の組織ではないことを留意しておきたい。

なお、このチューブ・アロイズ局という名称も暗号名である。

そしてその翌月、日本は真珠湾を攻撃して連合国の敵になる。

1942年、米国陸軍でマンハッタン計画がスタート

アインシュタインの手紙から始まったウランの核分裂連鎖反応を利用する新兵器の研究は、ついに軍部へと移った。

米国国立公文書記録管理局のウエブ情報によれば、1942年8月13日、米国陸軍工兵隊司令官兼技師長が、ジェネラル・オーダー第33号をもって、原子爆弾を開発する「マンハッタン工兵管区」(Manhattan Engineer District) の設置を命じ、同月16日に施行された。* その命じた人物は、米国陸軍ユージン・レイボルド中将である。* 米国陸軍は、さらにそのプロジェクト全体を監督させるために、同年9月17日、陸軍工兵隊のレズリー・グローヴス大佐を指揮官として任命し、その6日後には彼を准将 (Brigadier general) に昇進させた。* これがいわゆる「マンハッタン計画」である。

* The U.S. National Archives and Records Administration『Records of the Atomic Energy Commission [AEC]』「Record Group 326 326.2 HEADQUARTERS RECORDS」
* Atomic Heritage Foundation's website『Profile』「Eugene Reybold」

＊U.S. Department of Energy's website『The Manhattan Project an interactive history』「GROVES AND THE MED（1942)」

しかし不可解なのは、どうして陸軍が原子爆弾を開発する任務を負ったかである。

マンハッタン計画がスタートする3年前のアインシュタインのシミュレーションでは、新型爆弾は船で運ぶタイプだ。それなら海軍がその任を負いそうなものだ。

一方、戦時中の米国陸軍には航空軍も属していた。しかし飛行機で運ぶには重すぎるとアインシュタインは書いている。

アインシュタインの例の手紙は１９３９年、マンハッタン計画のスタートは１９４２年だ。

この3年間で米国は、飛行機で運ぶには重すぎるために船で運ぶタイプの原爆実験に成功し、その上で飛行機で運ぶタイプの軽量化に改良のめどが立ったとでもいうのだろうか？

いや、米国は公称では１９４5年まで核実験をしたことがない。したがって、船で運ぶ新型のウラン爆弾は実験もされていないのだ。原爆開発を米国陸軍が担当したとは、とても不可思議な話である。

また英国も、ウラン爆発の軍事応用を検討した「MAUD委員会」を1940年に航空機生産大臣管轄下に設置したものの、その報告を受けて1941年に設置されたチューブ・アロイズ局は航空機生産省ではなく、科学産業研究省内の部局であった。

そんな経緯をたどった英国の初の核実験は、戦後7年が経過した1952年の海上の船で行われている。航空機からの空中投下に成功したとされているのは1956年の8回目の核実験である。

ただし飛行機で運ぶには重すぎると言われた、船で運ぶタイプの原子爆弾がどんなものなのかは、未だ公にされてはいないのである。

そこで皆様には、こう想像することを試みていただきたい。

もしもあなたが、アインシュタインの手紙を知る銀行の融資課のバンカーだったとします。あるいはテレビドラマの「半沢直樹」をイメージしていただいてもいいかもしれない。これまでどこの企業も国も船で核爆発させた実績がない中で、いきなり飛行機用の軽量化された原子爆弾の事業計画を立てて融資してほしいと依頼してきたら、どう対応するだろうか。筆者の対応はノーだ、詐欺の可能性を疑う。

1943年、英米ケベック協定、米国は英国領に原爆を使用できない

1943年、英米ケベック協定

米国陸軍でマンハッタン計画がスタートした約1年後の1943年8月19日、カナダのケベックで、米国のルーズベルト大統領と英国のチャーチル首相は、米・英・カナダによる「合同政策委員会」（Combined Policy Committee）をワシントンに設置することに合意した。それを「ケベック協定」（The Quebec Conference - Agreement Relating to Atomic Energy）と言う。

これによって、米国陸軍のマンハッタン計画に英国のウラン資源が提供され、英国の多くの著名な科学者たちが米国に移動して参加したことが、米国の原子力遺産財団のウエブページ『British Nuclear Program』（英国の核計画）に説明されている。*

＊Atomic Heritage Foundation's website『Manhatan Project History』「British Nuclear Program」

なお、「ケベック協定」の第一条から第五条は、日本人に原爆が使用されたことと関係

があるかもしれない条文なので、次に和訳する。

第一条、私たちは、この力を決して互いに対して使いません。

第二条、私たちは、互いの同意なしにそれを第三者に使いません。

第三条、私たちはいずれも、互いの同意なしにチューブ・アロイズについてのいかなる情報も第三者に伝えません。

第四条、戦争遂行の賢明な分担の結果として米国にふりかかる生産量の重い負担を考慮して、戦後の産業や商業のいかなる利点も、米英のどちらかと言うと米国大統領が英国首相に指定する形で扱われるべきであることを、英国政府は承認する。首相は、大統領が公平で正しいとみなすであろうこと、また世界の経済的厚生と調和に考慮するであろうことを超えた、いかなる権益も、はっきりと放棄する。

第五条、以下の取り決めは、プロジェクトを実現するにあたって、二国間の完全かつ効果的な協同を確実なものにするためになされるべし。

(a) ワシントンに、次のメンバーから成る合同政策委員会を設置すべし：

戦争省長官（米国）

ヴァネヴァー・ブッシュ博士（米国）

ジェイムス・コナント博士（米国）
陸軍元帥ジョン・ディル卿、バス勲章、聖マイケル・聖ジョージ勲章、殊功勲章（英国）
ジョン・ジェスティン・ルーエリン大佐閣下、大英帝国勲章、軍功十字勲章、国会議員（英国）
クラレンス・ディケーター・ハウ閣下（カナダ）〈以下略〉
（イエール大学リリアン・ゴールドマン法律図書館「The Quebec Conference - Agreement Relating to Atomic Energy」／傍線は筆者による　https://avalon.law.yale.edu/wwii/q003.asp）

英米ケベック協定の解釈

第四条の「英国政府は承認する」は、原文で「the British Government recognize」と記されている。このことから、条文の「私たちは」（we）は両政府であることがわかる。なお、当時の英国首相が統括する内閣には植民地大臣が含まれ、英国政府が英国の領土全体を管理していたことを踏まえておかなければならないだろう。

第一条の「互いに」は、アメリカ合衆国と英国を指す。

第一条をわかりやすく言うと「第一条、アメリカ合衆国政府と英国政府は、アメリカ合衆国に対して、あるいは英国に対して、決して原子爆弾を使いません」となる。
ということは、アメリカ合衆国は、英国の領土に対しても原子爆弾を使えないことになるのではないか。

第二条と第三条の「第三者」は、原文に「third parties」と記されている。

この「第三者」(third parties)は、「第三国」(third countries)のように「国」を指しているわけではないので、米国人と英国人を除く「人」を意味するようだ。第二条をわかりやすく言うと「第二条、アメリカ合衆国政府と英国政府は、互いの同意なしに、原子爆弾を、米国人と英国人を除く人に使いません」となる。

そうなると、日本人に原子爆弾を使う場合は、米英合意の上で、英国が使うということになるのではないか。なぜなら米国は、英国領に対して、つまり英国領日本に対して原子爆弾を使えないというのが、第一条の大原則だからである。

第三条は、第一条と第二条を踏まえると、「第三条、アメリカ合衆国政府と英国政府はいずれも、互いの同意があれば、チューブ・アロイズについて、どんな情報でも、第三者である日本人に伝えることができる」という解釈も可能にする条文であることがわかる。

この「ケベック協定」の条文には、日本が英国領であることを世間に隠し続けなければならない理由があったようだ。なぜなら、日本が英国領であることを前提に読んでいくと、米国はそもそも英国領日本に原子爆弾を使用できない取り決めになっていたことが透けて見えてくるからだ。

１９４４年、英米ハイドパーク合意
「原子爆弾は日本人に対して使用すべき」

1944年、英米ハイドパーク合意

「ケベック協定」の約1年後、それは広島と長崎で原爆が炸裂する約1年前のこと、米国のルーズベルト大統領と英国のチャーチル首相はチューブ・アロイズの計画をさらに詰めた覚書を交わした。

１９４４年9月19日、ニューヨーク州のハイドパークにおいて、ルーズベルト大統領と英国のチャーチル首相が交わした「Hyde Park Aide-Mémoire」（ハイドパーク合意）である。

その覚書には、原爆の残忍さを未だ背負い続ける日本人にとって、どうしても許すことのできない条文が含まれている。

――「爆弾」が使用可能になったあかつきには、日本人に対して使用すべきであり――

次に、「ハイドパーク合意」の全文を、英国首相の標章入りの首相官邸発行の機密文書

の画像（画像4－2）から、和訳する。米国の原子力遺産財団のウエブページ「Hyde Park Aide-Mémoire」（ハイドパーク合意）に米国国立原子力博物館の協力で公開されている英国の一級史料である。

〈左上〉（英国首相の標章）
〈右上〉ダウニング街10番地＆

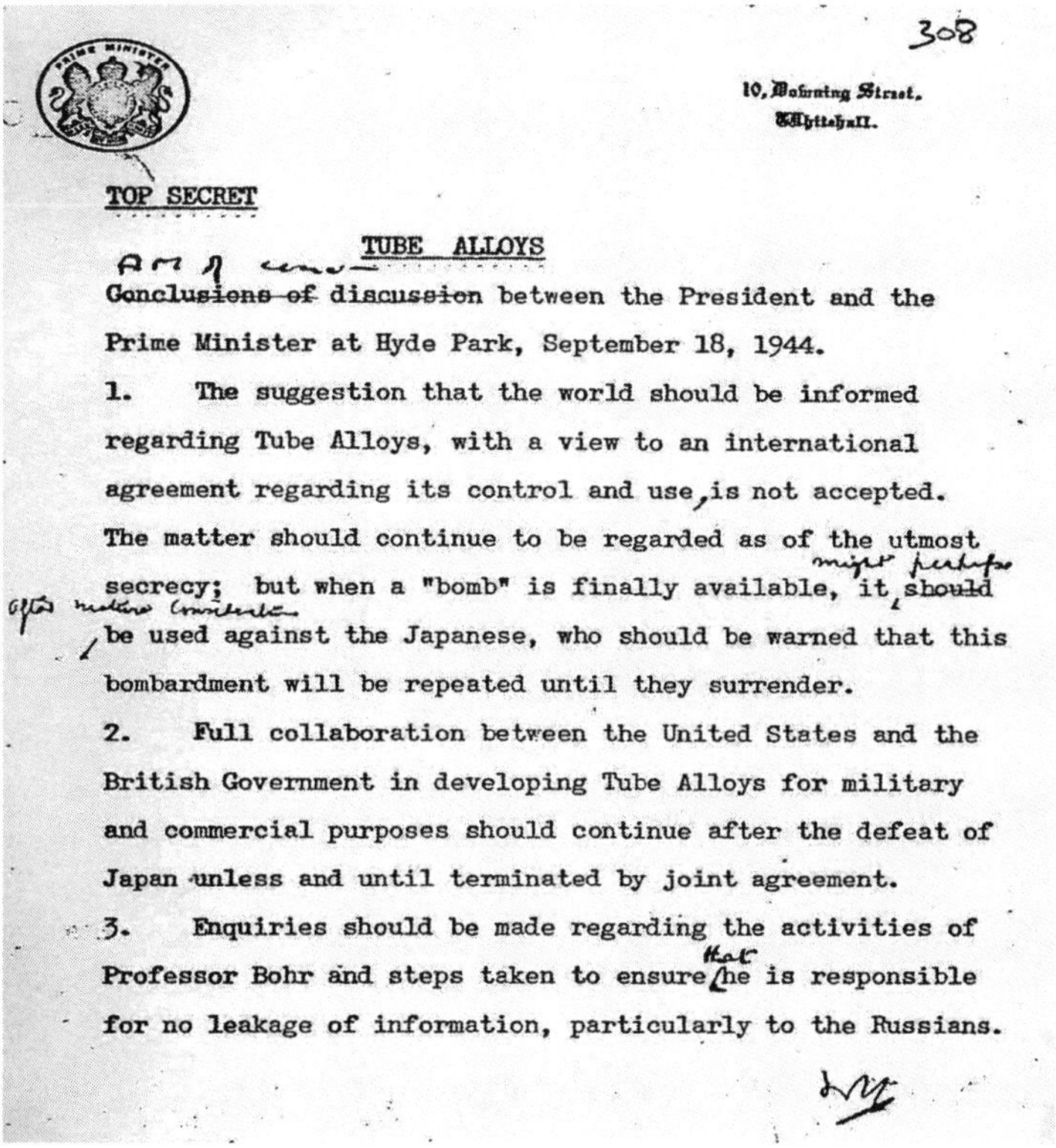
308

10, Downing Street,
Whitehall.

TOP SECRET

TUBE ALLOYS

~~Conclusions of discussion~~ between the President and the Prime Minister at Hyde Park, September 18, 1944.

1. The suggestion that the world should be informed regarding Tube Alloys, with a view to an international agreement regarding its control and use, is not accepted. The matter should continue to be regarded as of the utmost secrecy; but when a "bomb" is finally available, it ~~should~~ might perhaps, after mature consideration, be used against the Japanese, who should be warned that this bombardment will be repeated until they surrender.

2. Full collaboration between the United States and the British Government in developing Tube Alloys for military and commercial purposes should continue after the defeat of Japan unless and until terminated by joint agreement.

3. Enquiries should be made regarding the activities of Professor Bohr and steps taken to ensure that he is responsible for no leakage of information, particularly to the Russians.

画像4－2　『ハイドパーク合意』（原子力遺産財団、協力：米国国立原子力博物館）

ホワイトホール（英国首相官邸）
〈タイトル〉チューブ・アロイズ
1944年9月18日、ハイドパークでの米国大統領と首相との会談の結論。
1. 世界はチューブ・アロイズについて知らされるべきであるという、チューブ・アロイズの制御と使用に関する国際協定を目的とした提案には応じない。
その件は、極秘にし続けるべきである。しかし、「爆弾」が使用可能になったあかつきには、日本人に対して使用すべきであり、日本人が降伏するまでこの爆撃を繰り返すことを日本人に警告する。
2. 軍事・商業目的のチューブ・アロイズ開発における米英政府間の最大限の協同は、協定によって終結しない限り、日本の敗戦後も継続すべし。
3. ボーア教授の活動と、彼が特にロシア人に情報を漏らさないという信頼に足る保証を得るための策に関して、聞いてみるべきである。（Atomic Heritage Foundation In partnership with the National Museum of Nuclear Science & History『Hyde Park Aide-Mémoire』／括弧〈 〉内と括弧（ ）内は筆者による注釈）

英米ハイドパーク合意、別ヴァージョン

実は、この英国首相の標章入りの首相官邸の用紙に記された「ハイドパーク合意」の史料は、もう1通、別のヴァージョンが存在する。

それは、この史料（画像4−2）の言い回しが若干婉曲に修正されたもので、フランクリン・D・ルーズベルト大統領図書館・博物館からウエブ公開されている。

この原子力遺産財団がウエブ公開している史料（画像4−2）に手書きの書き込みが見えるが、その文字をタイプし直したものがそれのようだ。修正された部分は次の括弧（　）内に書き加えた通り、「〝爆弾〞が使用可能になったあかつきには、（おそらく、熟慮の上で、）日本人に対して使用（されるかもしれません）」という言い回しに変わっている。

しかし本書では、婉曲に修正される前の史料を、チャーチル首相の本音として尊重することとした。

チューブ・アロイズとは何か？

さて、この「チューブ・アロイズ」（Tube Alloys）とは、いったい何を指す暗号だったのか？　当時の人の目をごまかすのが暗号である。「Tube Alloys」を直訳すると「管・合

金」である。当時の人には見当もつかなかったことだろう。

福島第一原子力発電所の事故のニュース記事を読んでいた現代の日本人なら、原子炉で使用されている、細い被覆管に収納したウランの合金、「燃料棒」を連想したかもしれない。

「燃料棒」について、『原子力百科事典ATOMICA』「原子炉型別ウラン燃料」に説明があるので引用する。

「発電炉には種々の型式があるが、主として二酸化ウランをペレットに成型し、被覆管に収納した燃料を用いている。ウラン金属（合金）の燃料を使用する原子炉は、ほとんどが研究炉及び材料試験炉であり」（国立研究開発法人 日本原子力研究開発機構『原子力百科事典ATOMICA』「原子炉型別ウラン燃料（04－06－01－03）」）

そう考えると、「商業目的のチューブ・アロイズ開発」のゴールは、ウラン金属（合金）を被覆管に収納した燃料棒や燃料集合体の開発で実現する原子力発電であったのではないかと考えられる。

ただ、チューブ・アロイズを燃料棒と解釈することで、商業目的の原子力発電の方はしっくりと収まりがつくが、軍事目的のチューブ・アロイズ開発の方はしっくりこない。
しかし素直に解釈して、原子力発電のための燃料棒と原子爆弾は同じと捉えるべきなのだろうか。

ボーアはチューブ・アロイズ英国理事会顧問

3．のボーア教授についてだが、彼はユダヤ系のデンマーク人で、1922年にノーベル物理学賞を受けた理論物理学者である。デンマークがナチスドイツの占領下に入ると英国から招待を受けて1943年10月6日に英国に移住し、英国の「チューブ・アロイズ英国理事会顧問」の任を受けると物理学者の情報交流のために同年12月に米国に派遣された。その後、英米間を往復して1944年5月16日に英国のチャーチル首相と会談し、1944年8月26日には米国ルーズベルト大統領とも会談している。*

*『東洋女子短期大学紀要 第16号』pp.105－115、1984年3月31日、梅山香代子「ニールス・ボーアと原子力の管理」

その会談は、1944年9月18日の「ハイドパーク合意」前の最後の調整であったようにも見えなくもない。なぜ、デンマーク人のボーアが「チューブ・アロイズ英国理事会顧問」という重要な機密を扱うポジションに任用されたのか。その理由は、第八章で説明する。

まとめ

この章では、英米が日本人に原子爆弾を使用することを決定するまでの、英米の軍事に関係する動きを時系列でたどってみた。

すると、「ケベック協定」や「ハイドパーク合意」の内容が明らかになったことで、英米の間ではマンハッタン計画よりもチューブ・アロイズの方が機密度が高かったことがわかった。

しかし日本では、原子爆弾を日本人に対して使う計画は、米国のマンハッタン計画が単独で行ったかのような情報にすり替わっている。ところが実際には、英国が手綱を取った「軍事・商業目的のチューブ・アロイズ開発における米英政府間の最大限の協同」が、日本人に原子爆弾を使用させたことがわかった。

それにしても、「日本人に対して使用すべきであり、日本人が降伏するまでこの爆撃を繰り返すことを日本人に警告する」とはいったいどういうことだろう。日本は英国領である。英国の植民地の臣民が反乱を起こして治められなくなったから、新型爆弾を使って降参するかどうか試してみようと言っているようにも聞こえてくる。

とはいえ、心の半分以上は、未だに日本が英国の植民地であることの実感がわかない。自覚してしまうと、日本の美しいふるさとの思い出すべてが、ウソで塗り固めた奴隷の居住区での出来事に変質してしまいそうだ。

もしかすると、祖国のために戦地で必死に戦い生き抜いて帰ってきた復員兵が、それまでのすべてを無価値にされた気持ちと似ているのかもしれない。

第五章 世界初の核爆発は日本の核実験

1940年米国物理学誌掲載の日本の論文に世界初の核爆発の証拠

人類が初めて核爆発に成功した核実験は、1945年7月16日に米国が地上塔で行った「トリニティ実験」ということになっている。

はたして本当だろうか？

1940年6月15日発行の米国物理学誌『フィジカル・レビュー』に掲載された同年5月3日付けの日本人の論文には、核爆発の証拠が記載されている。その証拠とは、死の灰とされるネプツニウム237を生成したことである。

核兵器の爆発によって生成するネプツニウム237

まず、なぜネプツニウム237を生成したことが即ち核爆発の証拠になるのか、それを説明しておこう。

そのことは、まだ当時は常識ではなかったのだが、現代においてはウエブ上の資料からも散見できる。次に、その例として、英語資料から一つ和訳し、また日本語資料から一つ引用する。

①英語資料：ＩＡＥＡ国際原子力情報システムのウエブページより和訳

〈タイトル〉大気圏内核実験からのネプツニウム２３７の生成

概要

地球規模の死の灰の降下を表す二つの土壌標本から、ネプツニウムとプルトニウムの質量分析・測定が完了した。「ネプツニウム２３７／プルトニウム２３９」の原子比は、０・７±０・２である。この比率に、世界中に広がった死の灰の中のプルトニウムの量を掛けると、１９８２年現在までに３トンのネプツニウム２３７が大気圏内核実験で生成されていたことを示す。（IAEA, GEOSCIENCES (B3100), Efurd, D.W.; Knobeloch, G.W.; Perrin, R.E.; Barr, D.W. ; Los Alamos National Lab., NM (USA), Neptunium-237 production from atmospheric nuclear testing, Nov 1982; 10 p; Available from NTIS, PC A02/MF A01 as DE83007100／括弧〈 〉内と傍線は筆者による）

②日本語資料：認定特定非営利活動法人　原子力資料情報室のウエブページより引用

〈タイトル〉ネプツニウム２３７（^{237}Np）

〈中略〉

存在と生成

人工的につくられる放射能。ウラン235（^{235}U、7・04億年）の二重中性子捕獲またはウラン238（^{238}U、44・68億年）の速中性子照射で生成するウラン237（^{237}U、6・75日）がベータ崩壊して生じる。〈中略〉

核兵器の爆発によって生成するが、爆弾の種類により生成量は異なり、核兵器実験によって大気中に入った量はよくわかっていない。

電気出力100万kWの軽水炉を1年間運転後の使用済核燃料1tに約0・25kg（放射能強度、65億ベクレル、6・5×10^9Bq）が含まれるが、〈以下略〉（認定特定非営利活動法人原子力資料情報室提供「ネプツニウム237（^{237}Np）」／括弧〈〉内と傍線は筆者による）

この二つの資料に記された「大気圏内核実験からのネプツニウム237の生成」（拙訳）、「ネプツニウム237が大気圏内実験で生成されていた」（拙訳）、「核兵器の爆発によって生成する」から、ネプツニウム237は核爆発によって生成されることがわかる。

なお、ウラン235の濃縮ウランを燃料として使うことが知られている軽水炉でも、ネプツニウム237が生成されることがわかる。

しかし、その日本人の論文で説明された実験は、ウラン238に高速中性子を照射した実験である。このことは次の項の④論文の註釈で詳述する。ウラン238に高速中性子を照射してネプツニウム237が生成されるメカニズムは、先の②日本語資料に「ウラン238（^{238}U、44・68億年）の速中性子照射で生成するウラン237（^{237}U、6・75日）がベータ崩壊して生じる」と説明されている通りである。

つまり、ウラン238を使った日本の実験で生成されたネプツニウム237は、ウラン235を使う軽水炉を1年間運転した結果ではなく、「核兵器の爆発によって生成」されたことになる。まさに、核実験によって死の灰が生成されたのである。

ネプツニウム237を生成したという1940年の日本の論文

次に、公益財団法人仁科記念財団のウエブページ『NISHINA MEMORIAL FOUNDATION 2008』（仁科記念財団）に掲載された日本人の英語論文（画像5－1）から、どんな実験だったのかが説明された箇所と、ネプツニウム237を生成したことがわかる箇所を抄訳する。

③論文の抄訳（抄訳する箇所は長い角括弧でマークした）

〈タイトル〉高速中性子によって誘発されたウランのβ活性

〈中略〉注意深く精錬され、崩壊生成物を含まない数グラムの八酸化三ウランを、50時間以上、高速中性子で曝露した。〈中略〉

この活動はおそらく、トリウムからのウランYの生成と同様に、中性子の欠損によってウラン238からウラン237が生成された結果である。この場合、放

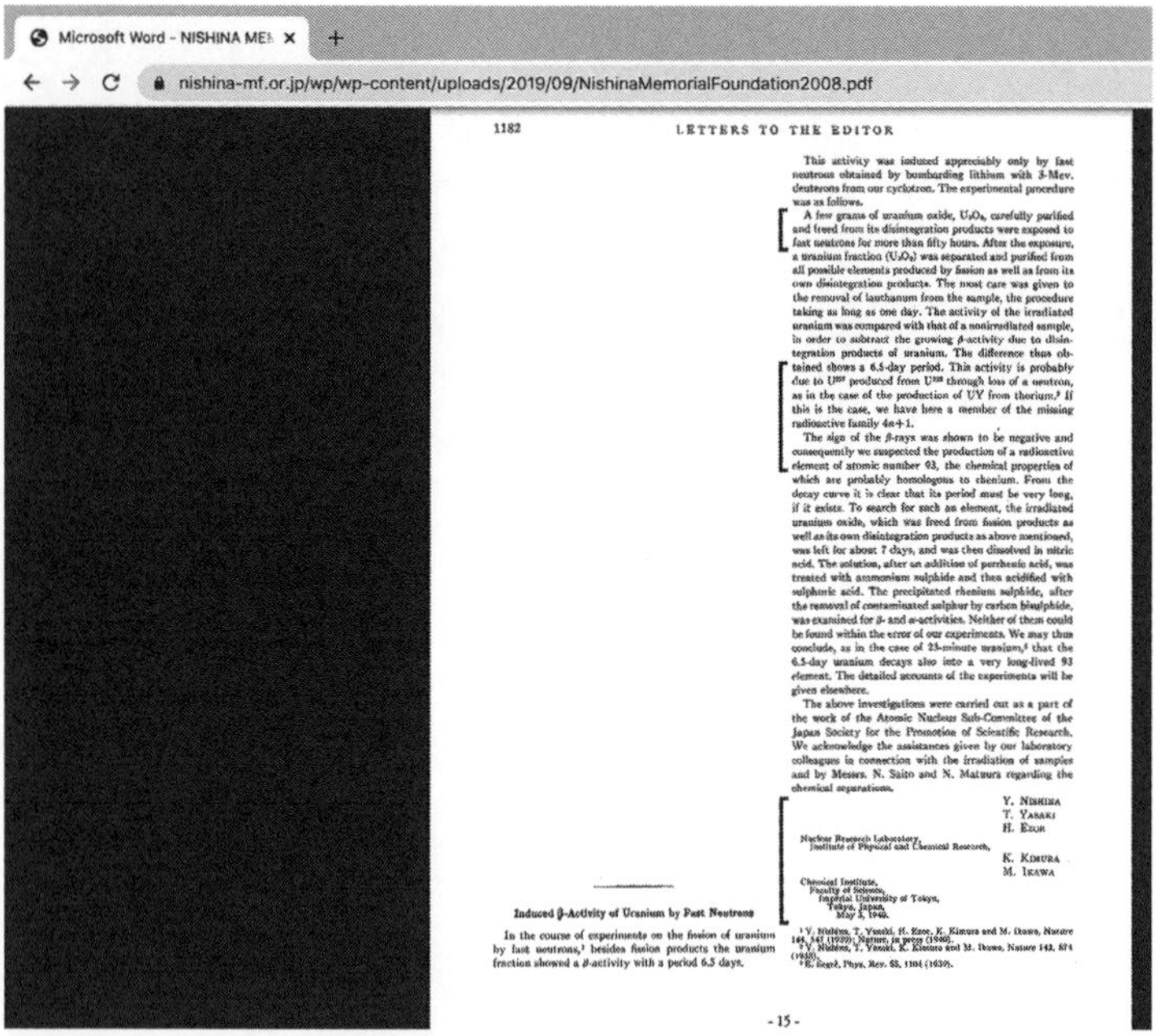

1182 LETTERS TO THE EDITOR

Induced β-Activity of Uranium by Fast Neutrons

In the course of experiments on the fission of uranium by fast neutrons,[1] besides fission products the uranium fraction showed a β-activity with a period 6.5 days.

This activity was induced appreciably only by fast neutrons obtained by bombarding lithium with 3-Mev. deuterons from our cyclotron. The experimental procedure was as follows.

A few grams of uranium oxide, U_3O_8, carefully purified and freed from its disintegration products were exposed to fast neutrons for more than fifty hours. After the exposure, a uranium fraction (U_3O_8) was separated and purified from all possible elements produced by fission as well as from its own disintegration products. The most care was given to the removal of lanthanum from the sample, the procedure taking as long as one day. The activity of the irradiated uranium was compared with that of a nonirradiated sample, in order to subtract the growing β-activity due to disintegration products of uranium. The difference thus obtained shows a 6.5-day period. This activity is probably due to U^{237} produced from U^{238} through loss of a neutron, as in the case of the production of UY from thorium.[2] If this is the case, we have here a member of the missing radioactive family 4n+1.

The sign of the β-rays was shown to be negative and consequently we suspected the production of a radioactive element of atomic number 93, the chemical properties of which are probably homologous to rhenium. From the decay curve it is clear that its period must be very long, if it exists. To search for such an element, the irradiated uranium oxide, which was freed from fission products as well as its own disintegration products as above mentioned, was left for about 7 days, and was then dissolved in nitric acid. The solution, after an addition of perrhenic acid, was treated with ammonium sulphide and then acidified with sulphuric acid. The precipitated rhenium sulphide, after the removal of contaminated sulphur by carbon bisulphide, was examined for β- and α-activities. Neither of them could be found within the error of our experiments. We may thus conclude, as in the case of 23-minute uranium,[3] that the 6.5-day uranium decays also into a very long-lived 93 element. The detailed accounts of the experiments will be given elsewhere.

The above investigations were carried out as a part of the work of the Atomic Nucleus Sub-Committee of the Japan Society for the Promotion of Scientific Research. We acknowledge the assistances given by our laboratory colleagues in connection with the irradiation of samples and by Messrs. N. Saito and N. Matsura regarding the chemical separations.

Y. Nishina
T. Yasaki
H. Ezoe

Nuclear Research Laboratory,
Institute of Physical and Chemical Research,

K. Kimura
M. Ikawa

Chemical Institute,
Faculty of Science,
Imperial University of Tokyo,
Tokyo, Japan,
May 3, 1940.

[1] Y. Nishina, T. Yasaki, H. Ezoe, K. Kimura and M. Ikawa, Nature 144, 547 (1939); Nature, in press (1940).
[2] Y. Nishina, T. Yasaki, K. Kimura and M. Ikawa, Nature 142, 874 (1938).
[3] E. Segrè, Phys. Rev. 55, 1104 (1939).

- 15 -

画像５－１　ネプツニウム237を生成した日本の論文（仁科記念財団ウエブページ）／黒の長い角括弧の左側［は筆者が描き込んだ

射性崩壊系列である4n＋1系列の行方不明のメンバーがある。

β線の表示は陰性だった。そしてこの結果として筆者は、原子番号93の放射性元素の生成に勘づいた。〈中略〉

東京帝国大学理学部化学科
木村健二郎、井川正雄
理化学研究所核研究室
仁科芳雄、矢崎為一、江副博
東京、日本
1940年5月3日

〈以下略〉（公益財団法人仁科記念財団ウェブページ『NISHINA MEMORIAL FOUNDATION』「Phys. Rev. 57, 1182-Published 15 June 1940」Y. Nishina, T. Yasaki, H. Ezoe, K. Kimura, and M. Ikawa, "Induced β-Activity of Uranium by Fast Neutrons"」／括弧〈　〉内は筆者による）

④論文の註釈

次に、論文中のわかりにくい言葉を注釈する。

●「八酸化三ウラン」：八酸化三ウランのウランは、ほぼウラン238ということができる。

八酸化三ウランが精製される工程について、『原子力百科事典ATOMICA』は「ウラン鉱石は現地の精製工場に輸送され、八酸化三ウランと呼ばれる黄色い粉末状の酸化物（イエローケーキ）に精製」（国立研究開発法人 日本原子力研究開発機構『原子力百科事典ATOMICA』「世界の核物質輸送の動向」）と説明している。このことから、そのウランの同位体組成は天然ウランのままであり、「平均的な同位体組成は^{238}Uが99・274％（99・278重量％）、^{235}Uが0・720％（0・711重量％）、^{234}Uが0・0058％（0・006重量％）」（『原子力百科事典ATOMICA』「天然ウラン」）であることがわかる。

●「4n＋1系列」：ネプツニウム系列と言い、ネプツニウム237から始まり、プロトアクチニウム233、ウラン233、と崩壊し続けてビスマス209に至る放射性元素の崩壊系列を言う。

●「原子番号93の放射性元素」：原子番号93のネプツニウム。

●「4n＋1系列の行方不明のメンバー」：ネプツニウム237。

⑤論文筆者の記念財団ウエブページにも1940年に「^{237}Npの生成」とある

この実験でネプツニウム237が生成されていたことは、他の複数の資料からも確認できる。日本語資料としては、公益財団法人仁科記念財団のウエブページ「仁科芳雄博士誕生120周年記念講演会　日本現代物理学の父　仁科芳雄博士の輝かしき業績」の年表（画像5－2）に、次の通り記されている。

「1940　ウランの高速中性子照射実験（仁科・木村）^{237}Uの発見、^{237}Npの生成　対称核分裂の発見」（公益財団法人仁科記念財団のウエブページ『仁科芳雄博士誕生120周年記念講演会　日本現代物理学の父　仁科芳雄博士の輝かしき業績』池田長生「ウラン－237と対称核分裂の発見」p.40）

NKZ_52-1.pdf

保護されていない通信 | nishina-mf.sakura.ne.jp/wp/wp-content/uploads/2019/08/NKZ_52-1.pdf

表1 関連事項年表

1931	サイクロトロンの発明　(Lawrence)
1932	中性子の発見　(Chadwick)
1932	重水素の分離　(Urey)
1934	人工放射性同位元素の発見（Joliot=Curie 夫妻）
1935	理研小サイクロトロンの着工　（仁科）
1937	理研小サイクロトロンの完成　（仁科）
1938	トリウムの高速中性子照射実験（仁科・木村）
1939	核分裂の発見　(Hahn ら)
1940	ウランの高速中性子照射実験　（仁科・木村） ^{237}U の発見、^{237}Np の生成　対称核分裂の発見
1940	ネプツニウムの発見　(McMillan・Abelson)

画像5－2　年表にネプツニウム237の生成（池田長生「ウラン―237と対称核分裂の発見」）

したがって、1940年に米国で発表された日本の論文には、核兵器の爆発によって生成されるネプツニウム237が生成されていたことが記されていたことになる。

つまり、世界で初めて核爆発が起きたのは、日本だったということができる。また、その核爆発が起きた日は、この論文の日付である1940年5月3日よりも前であったことになる。

1944年の朝日新聞に日本製ウラン原爆の起爆操作

終戦の前の年のこと、1944年7月9日の朝日新聞に、『決勝の新兵器』と題する特集記事が掲載された。その記事は、現代の原子力の専門家が「ウラン原爆の起爆操作と全く同じ」と評価しているほど、信憑性の高い内容と言えそうだ。

その記事と専門家の評価を、次のジャーナルから引用する。そのジャーナルは、東京工業大学　環境・社会理工学院　社会・人間科学系　科学技術社会分野の2011年『技術文化論叢　第14号』深井佑造「〝二号研究〟の原子炉物理を再現する―‘2’と云う数詞に辿り着いた研究―」である。

昭和19（1944）年7月9日の朝日新聞の特集記事『決勝の新兵器』の欄に次のような記述がある。原子爆弾の爆発操作について、

「ウラニウムに中性子を当てればよい訳だが、宇宙線には中性子が含まれているので、早期爆発の危険がある。そこで、中性子を通さないカドミウムの箱に詰め、いざとい

う時に覆をとり、連鎖反応を防ぐために別々に作ったウラニウムを一緒にして中性子を当てればよい」

と書いてある。この新聞記事を書いた人物は不明であるが、専門分野の研究者から得た情報による事は明らかである。この内容がU原爆の起爆操作と全く同じである点を注意したい。（東京工業大学『技術文化論叢　第14号』pp.1－41、2011、深井佑造「〝二号研究〟の原子炉物理を再現する―'2'と云う数詞に辿り着いた研究―」pp.10－11）

この記事から、1944年7月9日の日本には、ウラン爆弾を起爆する能力があったことがわかる。すでに日本は1940年に発表された論文の通り、ウランを核爆発させた実績があることから、この記事の信憑性は高いと考えることができるだろう。

ただし、ウラン爆弾を起爆する知識があることと、再び実現できることとは、意味が違う。実現するためには、まず、ウランが必要である。

中国産のウランと日本の核実験、客観的資料

日本はウランが不足して原爆開発を断念したと言うNHK

ウランの調達について、2011年8月6日放送のNHKスペシャル『原爆投下　活かされなかった極秘情報』では、ナレーターが「昭和20年6月末、陸軍は仁科博士に託した原爆開発を断念します。相次ぐ空襲や資材不足などで研究を続けられなくなったのです」（NHKエンタープライズ『NHKスペシャル　原爆投下　活かされなかった極秘情報［DVD］』2012年7月27日）と説明している。

しかしナレーターは、原爆開発を断念した別の理由も紹介している。陸軍が作成した報告書の一文に「放射性ウランの分離は、不可能になった。アメリカ側においても、なし得ざるものと判明せり」とある。この文の意味は、ウラン235を分離して濃縮することが不可能になり、米国も不可能と判断したというものである。

しかし、核爆発に成功した1940年の日本の論文に記されているウランは、濃縮ウラン（ウラン235）ではなく、八酸化三ウラン（ウラン238が約99・3％、ウラン235が約0・7％）であった。そもそも、1940年の日本の論文の基になっている実験、すなわちウラン238の爆発現象を、そのまま兵器として応用するならば、ウラン濃縮など不要だったはずである。

日本は中国産のウランから核兵器を製造したと言う中国政府

では、「資材不足などで研究を続けられなくなった」という理由は本当だろうか。客観的な証言が欲しいところである。

実は、中華人民共和国政府のウエブページに、日本は、1939年から1940年の間に日本国内で核兵器を製造して実験を進め、中国産のウランを東京に送り始めたということが記されているので和訳する。

〈タイトル〉「寸寸にされた山河　散り散りになった金——歴史資料から見た地質戦線における抗日戦」〈中略〉

1939年から1940年の間、日本は中国遼寧省の海城地区でウラン鉱を発見し、その後、日本国内での核兵器研究・製造、試験の進展にしたがって、ウランの盗掘と東京への直行空輸を開始した。〈以下略〉（中華人民共和国国務院自然資源部中国地質調査局ウェブページ、王少勇「寸寸河山寸寸金——从历史资料看地质战线的抗日战」２０１５年9月6日 https://www.cgs.gov.cn/xwl/ddyw/201603/t20160309_303270.html）

なお、ここで留意しておかなければならないことは、中華人民共和国は核拡散防止条約の締約国の内、核兵器国と定義された国連安保理常任理事国であることだ。

つまり、核兵器の製造方法を知る立場で、日本が核兵器を製造してテストをしたと、中国政府の公式サイトで２０１５年から公開しているのである。

日本は朝鮮の水域で核実験したと言う北朝鮮の『労働新聞』

さらに、北朝鮮民主主義人民共和国の執権政党の新聞『労働新聞』英語版ウエブサイトの２０１８年2月9日付けの記事にも、「資材不足などで研究を続けられなくなった」という理由を覆すフレーズがある。関係箇所を抄訳する。

「日本は、北朝鮮の興南沖水域で敗戦直前まで核爆発実験を遂行して死力を尽くした自明の核犯罪者だ」（The Rodong Sinmun "U.S. Is Chief Culprit of Nuclear Proliferation" Feb. 9, 2018,）

北朝鮮は核拡散防止条約から脱退して核保有国になった国であり、核爆発の現象と核兵器の製造方法を知る者であることはすでに世界に報道されている。その北朝鮮の執権政党が、日本は終戦の直前まで北朝鮮の咸鏡南道咸興市興南区域の沖で核実験をしたと、２０１８年から新聞で公開している。

どうも日本は、１９３９年から１９４０年の間に世界で初めて核爆発に成功したことは事実であり、また、終戦直前まで核実験を実施していたようである。

第六章

原爆が空から投下できない決定的証拠

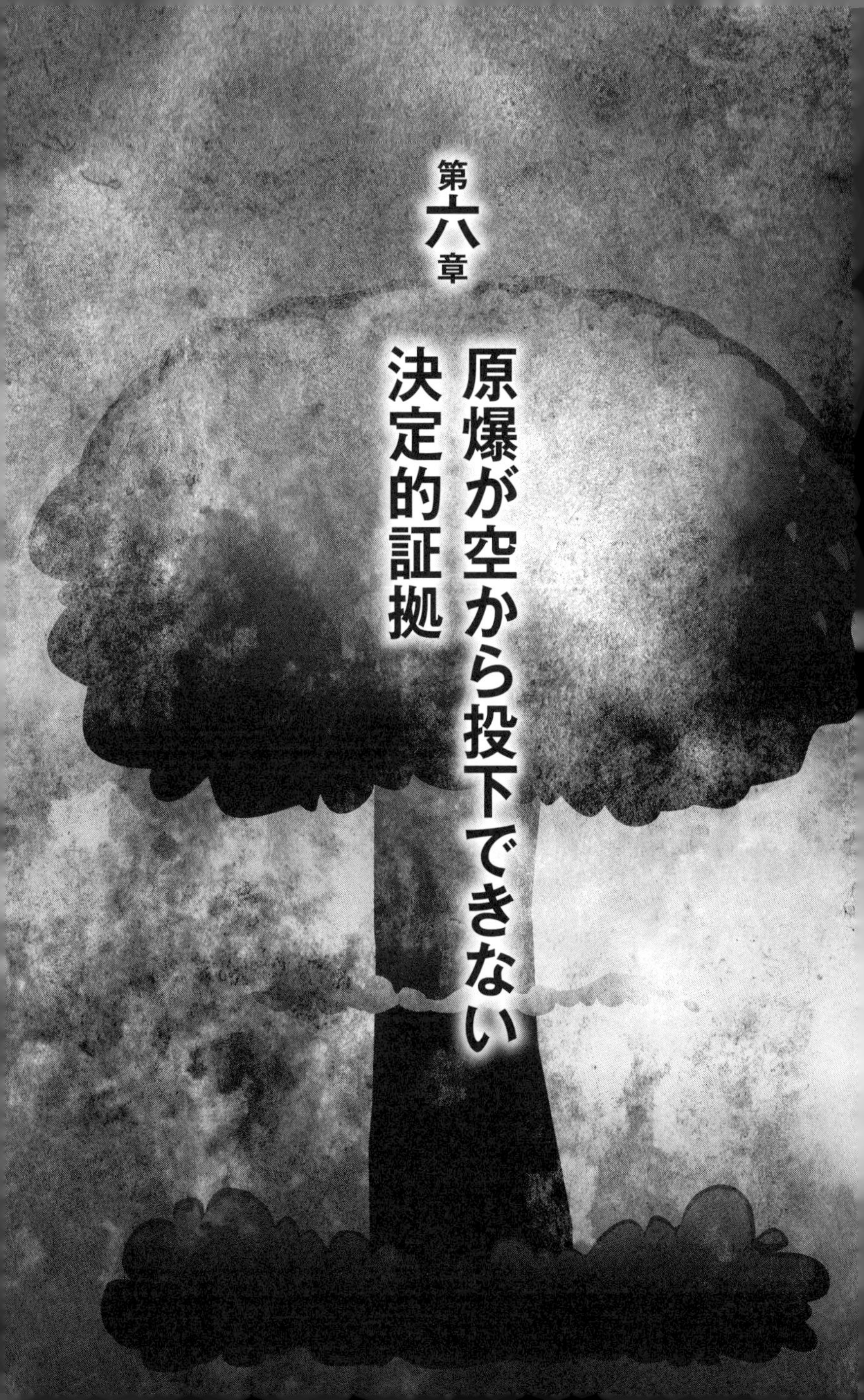

原子爆弾は高速中性子で起爆する

この項では、日本語では知らされたことのない原子爆弾の原料となる原子の種類と、それに応じた起爆剤が何なのかを、国連で信頼されている研究機関の資料を使って説明する。

原子爆弾はウランやプルトニウムの核分裂爆弾

まず、原子爆弾とは何か、『原子力百科事典ATOMICA』の「原子爆弾」項から引用する。原子爆弾は、「ウランまたはプルトニウムの核分裂連鎖反応によって放出される大量のエネルギーを利用した爆弾（核分裂爆弾）」（国立研究開発法人 日本原子力研究開発機構『原子力百科事典ATOMICA』「原子爆弾」／傍線は筆者による）である。つまり「ウランまたはプルトニウム」を使った「核分裂爆弾」が、原子爆弾である。

ウラン238は核分裂しにくいという日本の常識

日本の常識では、原子爆弾の原料は、ウラン235の濃縮ウランまたはプルトニウム2

３９であり、ウラン２３８は核分裂しにくいといわれている。

例えば、国立研究開発法人日本原子力研究開発機構のウエブページでは、「原子力発電と原子爆弾の違い」と題して、次のように説明している。

「ウランには、核分裂しやすい（燃える）ウラン２３５と、核分裂しにくい（燃えない）ウラン２３８があるのですが、原子爆弾では燃えるウラン２３５がほぼ１００％の濃度で使われているのに対し、原子力発電の燃料には３～５％程度の濃度しかウラン２３５は使われていません」（国立研究開発法人日本原子力研究開発機構の核燃料サイクル工学研究所のウエブページ「①原子力とは？　１・６　原子力発電と原子爆弾の違い」／傍点は筆者による）

しかし、国連が信頼する外国の研究機関では、ウラン２３８は、核分裂して爆発する原子爆弾の原料であると説明している。

ウラン２３８は原子爆弾（核分裂爆弾）の原料だった

例えば、ジェームズ・マーティン不拡散研究センターは、ウラン２３８について日本とは真逆の情報をウエブ公開している。この研究センターは、国際連合ジュネーブ事務局で

２０１０年に開催された『「核拡散防止条約」運用検討会議　第2回準備委員会』の議長を務めたウィリアム・ポッター氏が、所長として率いる米国ミドルベリー国際大学院モントレー校の研究施設である。

＊外務省のウエブページ『外交政策―軍縮・不拡散―軍縮・不拡散教育セミナー』平成20年5月

そこには、ウラン２３８が原子爆弾（核分裂爆弾）の原料の一つとして列挙されているのだ。

では、そのジェームズ・マーティン不拡散研究センターのウエブページから、表１「Primary components of a nuclear weapon and the material of which they are

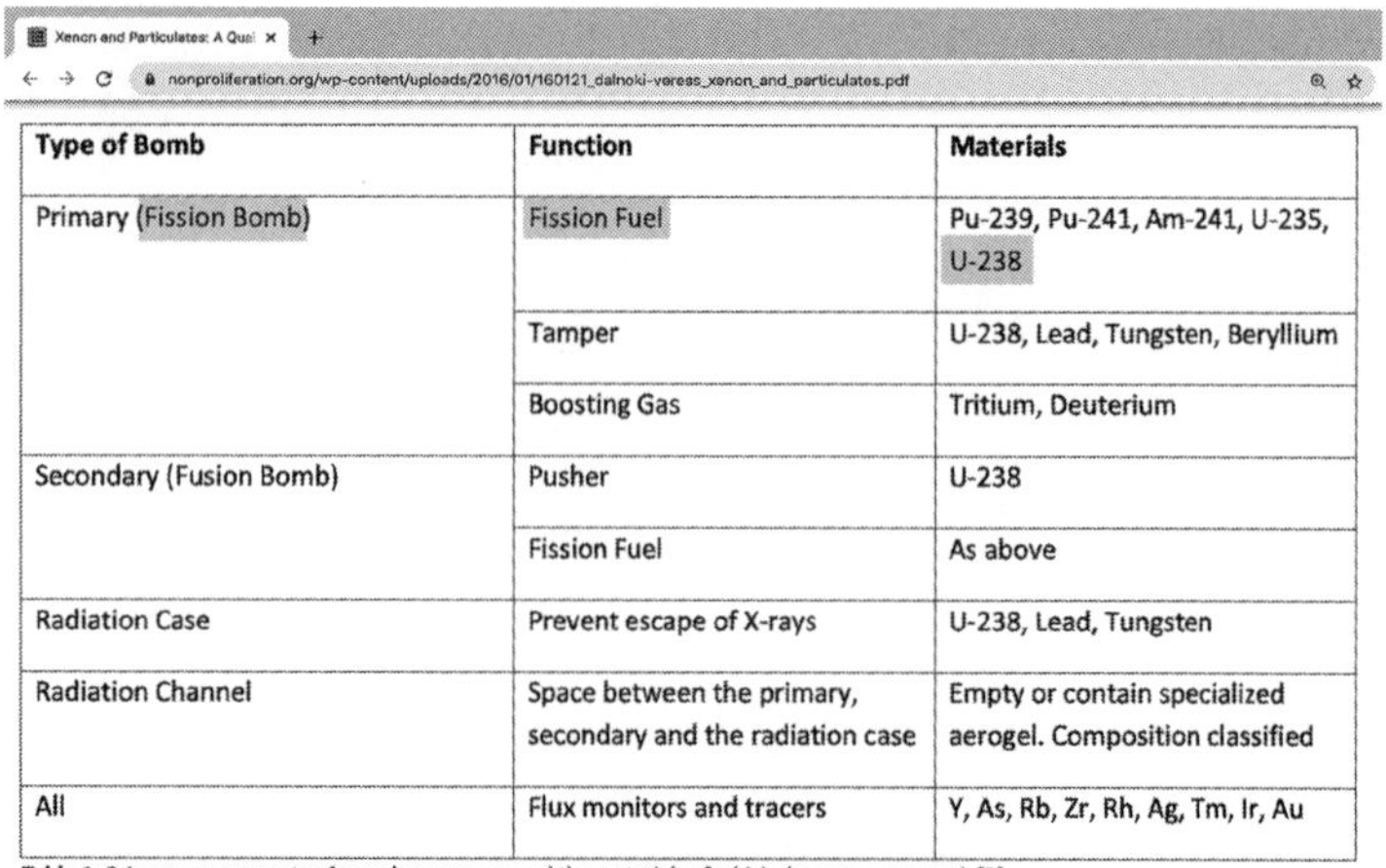

Type of Bomb	Function	Materials
Primary (Fission Bomb)	Fission Fuel	Pu-239, Pu-241, Am-241, U-235, U-238
	Tamper	U-238, Lead, Tungsten, Beryllium
	Boosting Gas	Tritium, Deuterium
Secondary (Fusion Bomb)	Pusher	U-238
	Fission Fuel	As above
Radiation Case	Prevent escape of X-rays	U-238, Lead, Tungsten
Radiation Channel	Space between the primary, secondary and the radiation case	Empty or contain specialized aerogel. Composition classified
All	Flux monitors and tracers	Y, As, Rb, Zr, Rh, Ag, Tm, Ir, Au

Table 1: Primary components of a nuclear weapon and the materials of which they are composed. [3]

画像6－1　原子爆弾の原料に列挙されたウラン238（ジェームズ・マーティン不拡散研究センター）／灰色のマーキングは筆者による

composed.」（核兵器の主な構成部分と核兵器を構成する原料）（画像6－1＊　筆者が関係個所を灰色でマークした）を紹介する。

＊ジェームズ・マーティン不拡散研究センター『Xenon and Particulates: A Qualitative Discussion of Sensitivity to Nuclear Weapon Components and Design』（キセノンと粒子状物質：核兵器の構成要素と設計に対する感度の定性検討）の表1「Primary components of a nuclear weapon and the material of which they are composed.」（核兵器の主な構成部分と核兵器を構成する原料）

画像（6－1）の筆者が灰色でマーキングした部分を和訳すると、Fission Bomb（核分裂爆弾）の Fission Fuel（核分裂燃料）には、原料として^{238}U（ウラン238）があるのがわかる。なんとウラン238は、核分裂しにくいどころか、核分裂爆弾（原子爆弾）の原料だったのだ。しかもそれは日本人が知らされていない世界の常識だったようだ。

ウラン235と238、プルトニウム239の原子爆弾は高速中性子で核分裂して爆発

さらに、同ウエブページ図5の解説には、ウランとプルトニウムの爆発は高速中性子によって引き起こされることがわかるフレーズがある。原文を引用して和訳する。

和訳「さまざまな爆発のシナリオ（高速中性子を使った、プルトニウム２３９やウラン２３５の核分裂とウラン２３８の核分裂）」

原文〈different explosion scenarios（Pu-239, U-235 fission and U-238 fission with fast neutrons）〉（ジェームス・マーティン不拡散研究センター、Ferenc Dalnoki-Veress「Xenon and Particulates: A Qualitative Discussion of Sensitivity to Nuclear Weapon Components and Design」January 19, 2016）

つまり核爆発は、ウラン２３８、またはウラン２３５、またはプルトニウム２３９が核分裂しない限りは起こらないということになる。しかも、それらの原料の原子爆弾を爆発させるには高速中性子でなければならないということだ。

では、高速中性子とは何か。「０・５ＭeV以上を高速中性子というのが一般的である」（国立研究開発法人 日本原子力研究開発機構『原子力百科事典ＡＴＯＭＩＣＡ』「高速中性子」）と、『原子力百科事典ＡＴＯＭＩＣＡ』は説明している。

また、ウラン238、ウラン235、プルトニウム239が高速中性子によって核分裂することは、『原子力百科事典ATOMICA』にも、説明されているので引用する。

「プルトニウム239を高いエネルギーの中性子（高速中性子）で核分裂させた場合が最も有利であり、〈中略〉ウラン235はどんなエネルギーの中性子でも核分裂反応をおこす核分裂性物質である。一方、ウラン238は約1MeV（百万電子ボルト）以上の中性子で核分裂反応を起こすだけである」（国立研究開発法人 日本原子力研究開発機構『原子力百科事典ATOMICA』「核燃料増殖のしくみ」）

ウラン235、ウラン238、プルトニウム239は、高速中性子によって核分裂する。そして爆発するのである。

ウラン238への高速中性子照射で死の灰が生成された1940年の日本の論文も核爆発

そのことは、第五章で紹介したように、ウラン238が高速中性子を照射されて死の灰を生成したことを核爆発の証拠とした筆者の仮説が、原子爆弾の原料において、世界の常識の範囲であることを説明してくれる。

その実験に使用した八酸化三ウランは、そのウランの同位体組成において、ウラン238が約99・3％、ウラン235が約0・7％であり、そこに高速中性子を照射したら核爆発を起こしてもおかしくないということになるのだ。

ウラン235は熱中性子でも核分裂して高速中性子を放出する

ウラン235とは、高速中性子よりもはるかに低いエネルギーの熱中性子でも核分裂するとともに、高速中性子を放出する。

熱中性子とは何か。

熱中性子とは、「運動エネルギーの低い中性子のことをいい、エネルギーの高い中性子（例えば高速中性子など）に対する語である。〈中略〉この状態の中性子を熱中性子といい、エネルギーは0・025eVである」（国立研究開発法人 日本原子力研究開発機構『原子力百科事典ATOMICA』「熱中性子」）と、『原子力百科事典ATOMICA』は説明している。

参考までに、高速中性子のエネルギーのボーダーの値である0・5MeV（メガ電子ボルト）を、eV（電子ボルト）で表すと、50万eVである。熱中性子のエネルギーは、高速中性子のエネルギーに比べて桁外れに低いことがわかる。

さて、熱中性子がわかったところで、次に、ウラン235は、高速中性子ばかりではなく、熱中性子でも核分裂することを説明した『原子力百科事典ATOMICA』の記事を引用する。

「核分裂により新たに中性子が発生するが、その個数は、ウラン235の場合、約2・4個（熱中性子による核分裂のとき）で、入射した中性子より多くの中性子が生み出され、これらがウラン235に入射すれば次々と核分裂がおこることになる。これが核分裂の連鎖反応である。〈中略〉核分裂で生まれる中性子のエネルギーは最大で約20MeV（平均で約2MeV）であり」（国立研究開発法人 日本原子力研究開発機構『原子力百科事典ATOMICA』「原子核と核反応（03－06－01－03）」）

なお、この記事で注目すべきは、熱中性子で核分裂して放出される中性子が、高速中性子（0・5MeV以上）であることだ。

高速中性子は、先述の通り、原子爆弾（核分裂爆弾）を爆発させるエネルギーを持った中性子であることを留意しておかなければならないだろう。

プルトニウム239は熱中性子でも核分裂して高速中性子を放出する

プルトニウム239は熱中性子（0・025eV）でも核分裂する。そのことを説明してくれる資料は、『原子力百科事典ATOMICA』「核燃料増殖のしくみ（03－01－01－04）」に引用された」［図1　核分裂性核種^{233}U、^{235}U、^{239}Puおよび^{241}Puのη（E）］（J. J. Duderstadt, L. J. Hamilton［成田正邦、藤田文行（訳）］：Nuclear Reactor Analysis［原子炉の理論と解析］、John Wiley & Sons［現代工学社、1981］）のグラフ（画像6－2）である。

このグラフ（画像6－2）の縦軸の記号ηとは、「核分裂性物質が1個の中性子を吸収した時、放出される中性子の平均的な数（η）」（『原子力百科事典ATOMICA』「核燃料増殖のしくみ（03－01－01－04）」）である。

つまり、縦軸の2・0よりも上に位置する線は、核分裂の際に放出される中性子の平均的な数が2個より多いことを意味する。

横軸は、中性子のエネルギーである。10のマイナス2乗（0・01eV）とマイナス1乗（0・1eV）の間に、熱中性子0・025eVは位置する。また、10の6乗（100万eV）が高速中性子の1MeV（メガ電子ボルト）である。

グラフ（画像6－2）中のプルトニウム239の線を見ると、1個の熱中性子を吸収して核分裂したとき、平均2個の中性子を放出することがわかる。また、10の7乗（10MeV）の高速中性子では、平均4個の中性子を放出することがわかる。さらにこのグラフから、プルトニウム239は、高速中性子のエネルギーが高いほど放出する中性子の数が増し、核分裂の連鎖反応が勢いを増すことが想像できる。

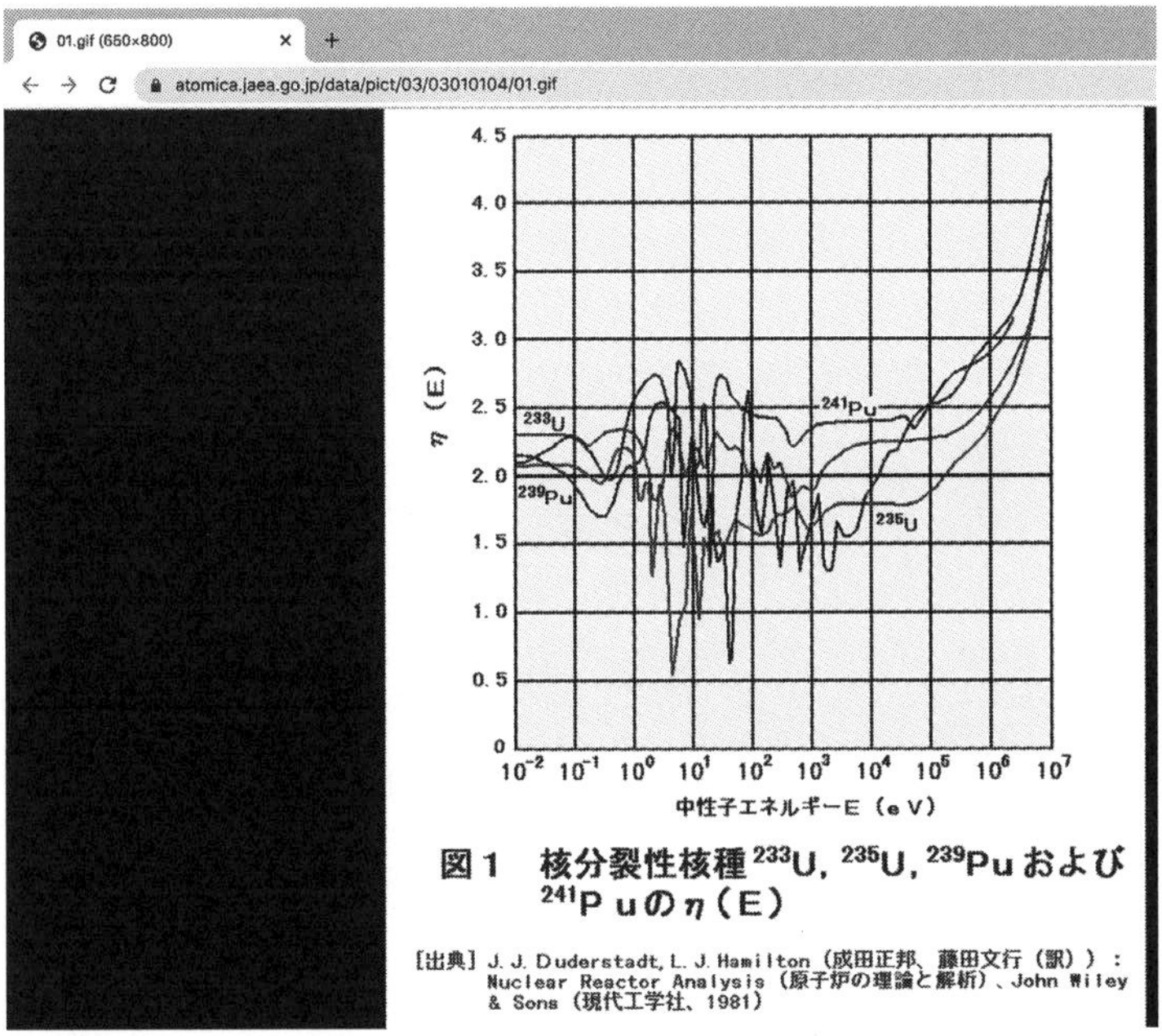

画像6－2　中性子のエネルギーと、プルトニウム239が核分裂で放出する中性子の数

空から降り注いでいる高速中性子は原子爆弾を早期爆発させてしまう

ここまでにわかったことを踏まえると、第五章で紹介した1944年7月9日付けの朝日新聞『決勝の新兵器』には、原子爆弾について、日本人が知らされていない大変重要な秘密が記されていることがわかってくる。

その記事には、「ウラニウムに中性子を当てればよい訳だが、宇宙線には中性子が含まれているので、早期爆発の危険がある」（東京工業大学『技術文化論叢　第14号』pp. 1－41、2011、深井佑造「″二号研究″の原子炉物理を再現する―'2'と云う数詞に辿り着いた研究―」p. 10）とあった。しかもこの記事は、現代の原子力の専門家が「ウラン原爆の起爆操作と全く同じ」（同資料 p. 11）と評価しているほど信憑性の高い内容なのである。

ウラン（ウラニウム）の核分裂爆弾（原子爆弾）の原料は、ウラン235でもウラン238でも、高速中性子で爆発することが、ジェームズ・マーティン不拡散研究センターのウエブページに説明されていた。

ということは、戦時中の朝日新聞の記事の「宇宙線には中性子が含まれているので、早期爆発の危険がある」の「宇宙線」には高速中性子が含まれるため、ウランの原子爆弾は空から降り注いでいる「宇宙線」でも爆発すると言っていることになる。

では、空から降り注ぐ「宇宙線」には、本当に高速中性子が含まれているのかどうか確かめてみよう。

①宇宙線には中性子が含まれる

宇宙線には中性子が含まれることが、『原子力百科事典ATOMICA』「宇宙放射線の種類」に、次の通り記されている。

〈タイトル〉宇宙放射線の種類（09－01－06－02）

〈概要〉宇宙線あるいは宇宙放射線という名の粒子は存在せず、各種粒子の総称としてのみ存在する。〈以下略〉

〈本文〉〈前略〉一番多いのは陽子（全体の約86％程度）だが、それ以外も宇宙放射線に違いない。中性子、π粒子、μ粒子、電子等がそれに当たる。〈以下略〉（国立研究開発法人日本原子力研究開発機構『原子力百科事典ATOMICA』「宇宙放射線の種類（09－01－06－02）」）

②宇宙線に含まれる中性子は高速中性子

宇宙線に含まれる中性子のエネルギーは、高速中性子であることが、『原子力百科事典ATOMICA』「環境における中性子線量測定の現状（09－04－08－08）」の「3．日本全国での測定」に、次の通り記されている。

「環境における中性子エネルギースペクトルは1MeV付近に最も大きなピークがあり、100MeV付近にもピークがあることが知られている〈中略〉なお、環境における中性子スペクトルは、緯度や高度が変わっても大きく変化しないことが報告されている」（国立研究開発法人 日本原子力研究開発機構『原子力百科事典ATOMICA』「環境における中性子線量測定の現状（09－04－08－08）」）

空から日本の地上に降り注いでいる「宇宙線」に含まれる中性子は、高速中性子であることがわかった。しかも100MeVというとんでもなく高いエネルギーの高速中性子も多く降り注いでいることがわかった。

さらにその資料に引用された「図6　環境における中性子スペクトル」（画像6－3）*を見ると、空から日本の地上に降り注いでいる中性子のエネルギーは、上限として約1000

MeVまで分布していることがわかる。

＊文部科学省科学技術・学術政策局 原子力安全課防災環境対策室『第47回環境放射能調査研究成果論文抄録集（平成16年度）』pp.31－32、2005年、平出功、長岡和則、佐藤昭二、佐藤兼章「環境における中性子線量率の全国調査」p.32

また、空から降り注ぐ中性子のエネルギーは、高度が高くても、緯度が変わっても、ほとん

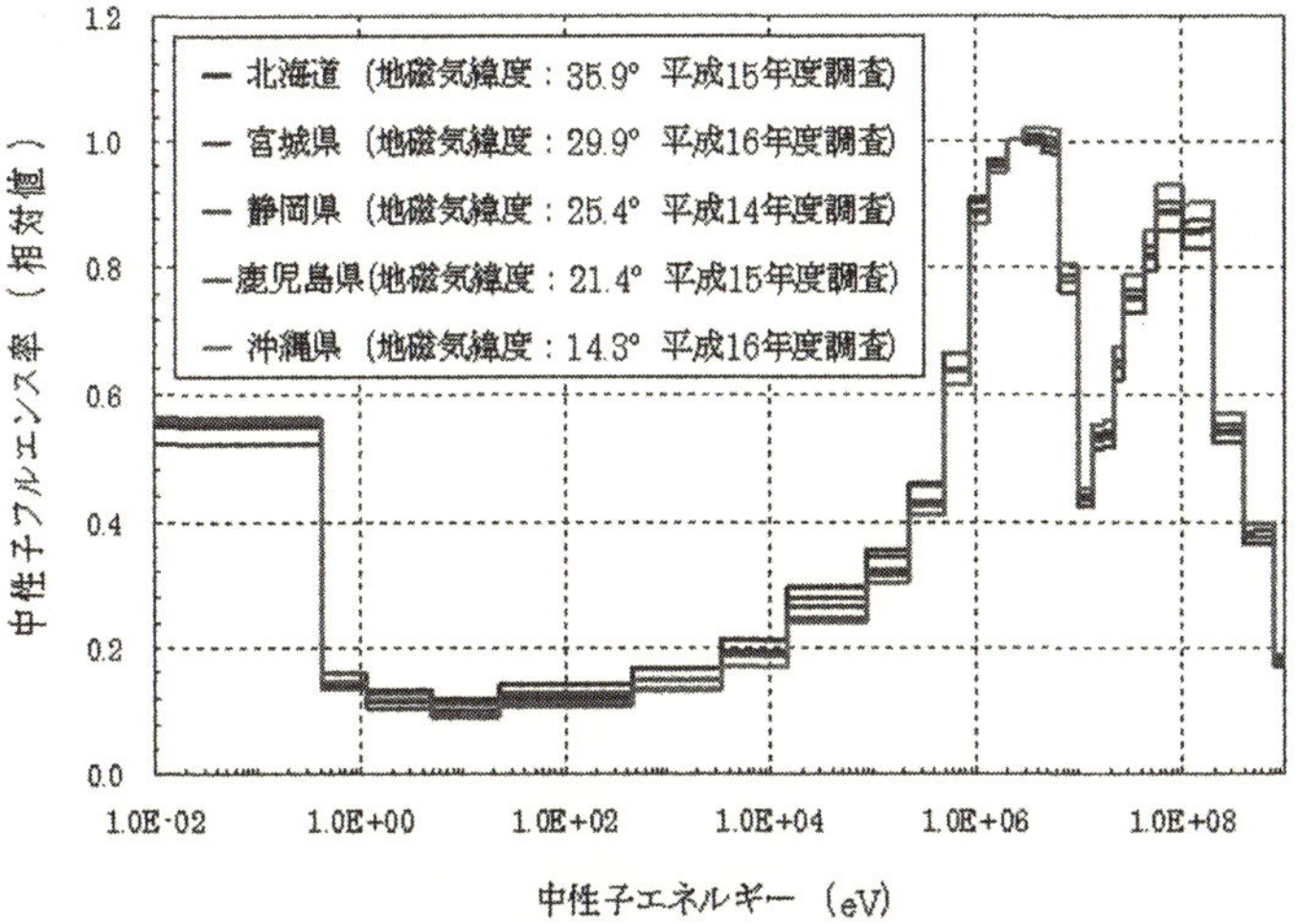

図6　環境における中性子スペクトル

[出典]平出功ほか：環境における中性子線量率の全国調査、第47回環境放射能調査研究成果論文抄録集（平成16年度）（「日本の環境放射能と放射線」）

画像6－3　環境における中性子スペクトル（『原子力百科事典 ATOMICA』「環境における中性子線量測定の現状（09-04-08-08）」）

ど変化がないという。

つまり、日本全国には、原子爆弾（核分裂爆弾）を爆発させてしまう危険のある高速中性子が、絶え間なく降り注いでいることになる。

では、本当に飛行高度でも中性子のエネルギー分布は変わらないのかどうか、確かめてみよう。

文部科学省のウエブページにそのことがわかる記事があるので引用する。

「10000mを超える高度での宇宙線中性子は、概略、低エネルギー成分と高エネルギー成分で構成。

低エネルギー成分：1MeV近傍のピークから熱中性子までの中性子。〈中略〉

高エネルギー成分：10MeVから立上がり、100〜200MeVにピークを持ち、1000MeVまで分布」（文部科学省ウエブページ、日本原子力研究所・笹本宣雄『宇宙線被ばく線量の測定法』）

やはり、地上から10キロメートル上空の中性子であっても、そのエネルギーの分布は1MeVと100〜200MeVが多いようだ。しかも1000MeVまで分布している。地上に降り注ぐ中性子のエネルギーの分布とは大きく変わりはないようだ。

したがって、B29の飛行高度である10キロメートル上空でも、降り注いでいる中性子は、原子爆弾を爆発させる危険のある高速中性子を多く含んでいたことがわかる。

高速中性子は金属を貫通するが水とコンクリートで止まる場合がある

認定特定非営利活動法人 原子力資料情報室のウエブページ『原発きほん知識』「中性子」に、「放射線の種類と貫通力」と題された図（画像6‐4）がある。

その図（画像6‐4）を見ると、中性子が、紙を貫通し、金属を貫通し、コンクリートを貫通し、水を貫通することがわかる。

ただし貫通しない中性子もあり、コンクリートで止まったり、水で止まったり反射したりすることもあることがわかる。

ということは、原子爆弾（核分裂爆弾）を爆発させる危険のある宇宙線の高速中性子は、B29の機体を貫通し、原子爆弾を被覆する金属をも貫通して核分裂爆弾の原料に到達してしまうことになる。原子爆弾を被覆する金属の内側にコンクリートや水を配置しない限り。

しかし、その戦時中の朝日新聞の記事『決勝の新兵器』には、コンクリートや水で原爆の原料の周囲を覆うなどということはいっさい記されていない。では、宇宙線に含まれる高速中性子が原子爆弾（核分裂爆弾）の原料に到達しないようにするためには、どのようにすることが記されているのか。

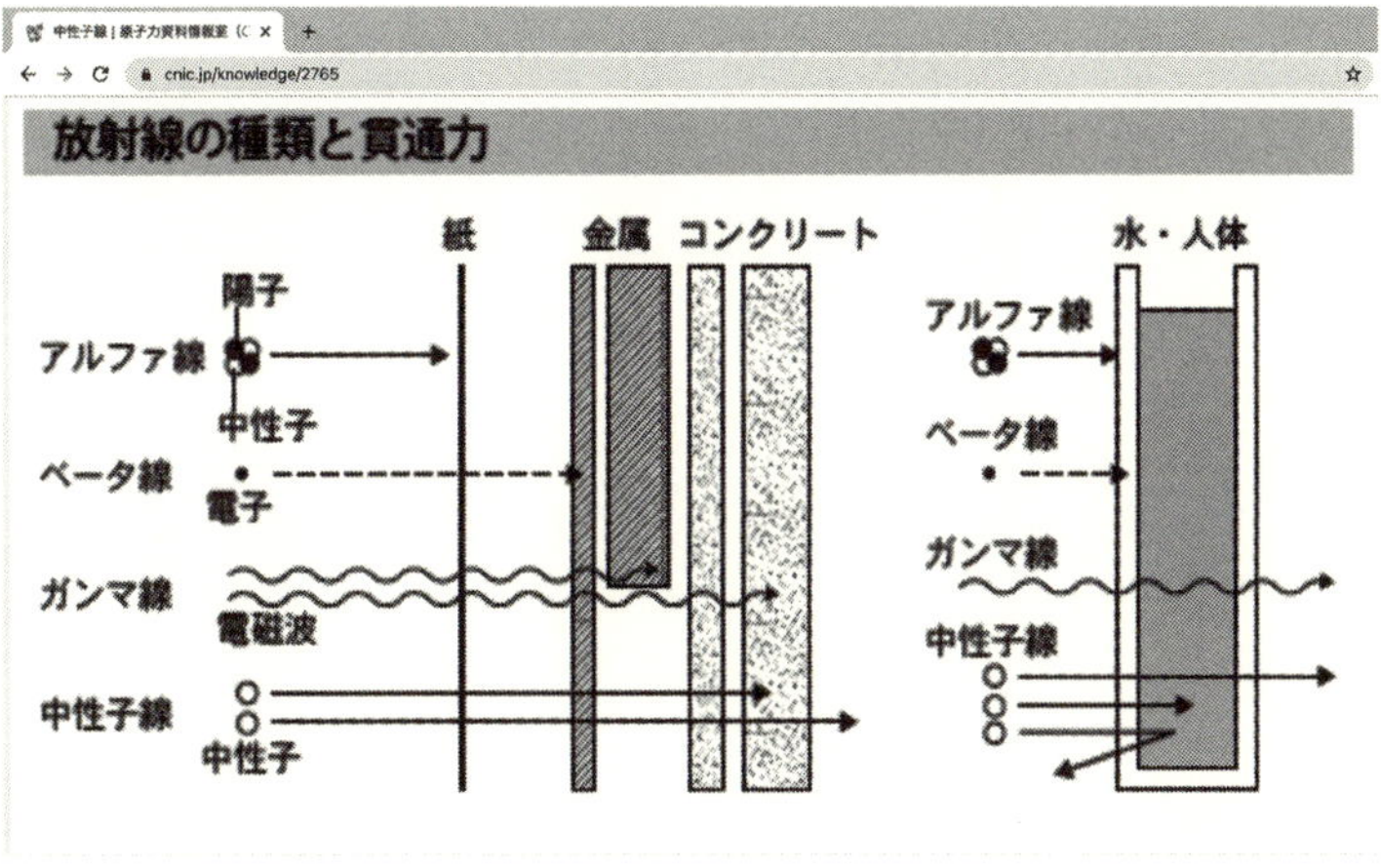

画像６－４　放射線の種類と貫通力（認定特定非営利活動法人 原子力資料情報室提供）

戦中の朝日新聞の記事『決勝の新兵器』に隠されたフレーズ

そこで、もう一度、1944年7月9日朝日新聞掲載の記事『決勝の新兵器』を引用する。

「ウラニウムに中性子を当てればよい訳だが、宇宙線には中性子が含まれているので、早期爆発の危険がある。そこで、中性子を通さないカドミウムの箱に詰め、いざという時に覆をとり、連鎖反応を防ぐために別々に作ったウラニウムを一緒にして中性子を当てればよい」（東京工業大学『技術文化論叢　第14号』pp.1－41、2011、深井佑造「〝二号研究〟の原子炉物理を再現する―'2'と云う数詞に辿り着いた研究―」pp.10－11／傍点は筆者による）

「決勝の新兵器」に使用されたカドミウムは高速中性子を遮蔽できない

その記事に「中性子を通さないカドミウムの箱に詰め」とあり、カドミウムには、宇宙線に含まれる高速中性子を阻止して核分裂爆弾の早期爆発を防ぐ働きがあると言っているように見える。本当だろうか、確かめてみよう。

「中性子を通さないカドミウム」の働きが、国立研究開発法人 日本原子力研究開発機構の『原子力百科事典ATOMICA』「中性子遮蔽体《ちゅうせいししゃへいたい》」に記されているので、次に引用する。

中性子遮蔽体《ちゅうせいししゃへいたい》

中性子線を遮蔽するための壁、扉、衝立などをいう。中性子線は電荷を持たない粒子線であり、物質を透過する能力が非常に大きいので、これを遮蔽するためには物質中での散乱と吸収を利用する必要がある。高速中性子はほとんど吸収されないので、まず原子量の小さな物質（軽水、重水、ベリリウム、黒鉛、パラフィンなど）内での散乱によりエネルギーを減少させて熱中性子とし、次に熱中性子に対する吸収断面積の大きな物質（ホウ素、カドミウム、ガドリニウム、軽水など）を利用して吸収させる。（国立研究開発法人 日本原子力研究開発機構『原子力百科事典ATOMICA』「環境における中性子線量測定の現状」／傍線と傍点は筆者による）

「遮蔽」の意味は、遮《さえぎ》り、覆い被せることである。

この説明によれば、カドミウムの働きは、熱中性子線を吸収して遮蔽することである。高速中性子を通さない働きはなかったのだ。このことを、どう解釈したら、現代の中性子遮蔽体の常識と『決勝の新兵器』の記事の整合性がとれるというのだろう？

カドミウムが熱中性子に対して働くためには、その前の段階で、別の中性子遮蔽体が、空から降り注ぐ高速中性子を熱中性子に変えるという働きをしなければならない。

つまり、その新聞記事には、カドミウムが働く第二段階の遮蔽についてが記されているのみであり、第一段階の中性子遮蔽体を説明するフレーズがそっくり抜け落ちていたことになる。『決勝の新兵器』の記事には、隠されたフレーズが存在していたようだ。

『決勝の新兵器』に隠されたフレーズが存在する

新聞記事『決勝の新兵器』に記されたカドミウムに、高速中性子を通さない働きはない。第一段階の中性子遮蔽体が空から降り注ぐ高速中性子を散乱させてエネルギーの低い熱中性子に変えた後で活躍するのがカドミウムだ。カドミウムは、その熱中性子を吸収することで「中性子を通さない」働きをする第二段階の中性子遮蔽体であった。

そこで、その記事から抜け落ちている隠されたフレーズを補ってみる。具体的には、第一段階の中性子遮蔽体についてを説明する『原子力百科事典ＡＴＯＭＩＣＡ』から引用して、記事に馴染むように補ってみるのである。括弧（　）内は筆者が補った部分であり、括弧（　）内の傍線部分は『原子力百科事典ATOMICA』「環境における中性子線量測定の現状」から引用した部分である。

補記A――ウラニウムに（高速）中性子を当てれば（核分裂して核爆発する）訳だが、宇宙線には（高速）中性子が含まれているので、（目的地まで運ぶ間に）早期爆発の危険がある。そこで、（熱）中性子を通さないカドミウムの箱に詰め、（高速中性子はほとんど吸収されないので、まず原子量の小さな物質（軽水、重水、ベリリウム、黒鉛、パラフィンなど）内での散乱によりエネルギーを減少させて熱中性子とし）、いざという時に覆をとり、連鎖反応を防ぐために別々に作ったウラニウムを一緒にして（熱）中性子を当てれば（核分裂して高速中性子を出すから）よい。――

これでようやく現代の中性子遮蔽体の常識と『決勝の新兵器』の記事の整合性がとれた。

「決勝の新兵器」は熱中性子でも核分裂連鎖反応するウラン235製

1944年の朝日新聞の記事『決勝の新兵器』に記された「中性子を通さないカドミウ

ムの箱に詰め、いざという時に覆をとり、連鎖反応を防ぐために別々に作ったウラニウムを一緒にして中性子を当てればよい」から、この新兵器が、熱中性子によって核分裂してしまうウランを原料として使用していることがわかる。

熱中性子でも核分裂連鎖反応を起こしてしまう核分裂爆弾（原子爆弾）の原料は、ウラン235である。そのことは、先に『原子力百科事典ATOMICA』から引用した通りである。

「決勝の新兵器」が早期爆発しないように高速中性子から守る物質は水

決勝の新兵器を早期爆発から防いでくれる第一段階の中性子遮蔽体は、空から降り注ぐ高速中性子を散乱によりエネルギーを減少させて熱中性子にしてくれる軽水、重水、ベリリウム、黒鉛、パラフィンなどである。なお、軽水とは普通の水のことである。

そのような物質は、次の通り減速材と呼ばれる。

中性子をあまり吸収することなく、散乱を通じてエネルギーを減少させ、熱中性子と呼ばれる低エネルギーの中性子を得るための物質を減速材という。（国立研究開発法人日本原子力研究開発機構『原子力百科事典ATOMICA』「減速材」／傍点は筆者による）

また、そうした「減速材が中性子を減速させる能力を示す尺度」（国立研究開発法人 日本原子力研究開発機構『原子力百科事典ATOMICA』「減速能」／傍点は筆者による）を減速能という。

では、最も減速能が高い減速材は、軽水（普通の水）、重水、ベリリウム、黒鉛、パラフィンのうちのどれだろうか。

それらのうちの減速能の高い順位は、1位が軽水（H_2O：普通の水）、2位が重水（D_2O）、3位がベリリウム（Be）、4位が黒鉛（C）であることが、『原子力百科事典ATOMICA』「原子燃料の基礎　表3」に記されている。* ただしパラフィンはそこに含まれていない。

*国立研究開発法人 日本原子力研究開発機構『原子力百科事典ATOMICA』「原子燃料の基礎（03-06-01-01）」／福岡勇雄、川崎了「核燃料と原子炉材料」平成8年、日本原子力文化振興財団、p.157

そこで、別の資料にパラフィンの減速能の順位がわかる資料はないか調べてみると、黒鉛や酸化ベリリウムと比較した論文があった。その論文によれば、1位が酸化ベリリウム、2位が黒鉛、3位がパラフィンであった。*

＊『北海道大學工學部研究報告、第94巻』pp.95－103、1979年6月29日、鬼柳善明、岩佐浩克、井上和彦「加速器中性子源減速材アセンブリー」p．103

つまり、中性子のエネルギーを高速中性子から熱中性子まで下げる減速能が高い順位は、1位が普通の水、2位が重水、3位がベリリウム、4位の黒鉛、5位がパラフィンであった。

また、『原子力百科事典ATOMICA』「原子燃料の基礎　表3」の下の解説に、「減速能、減速材中を動く間に減速される程度を表す。これが大きい程減速材の量が少なくてよい」とある。

つまり、水、重水、ベリリウム、黒鉛、パラフィンの減速材の内、最も減速能が高い水は、減速材として最も量が少なくてよいということになる。

このことから、「決勝の新兵器」の原料であるウラン235を、早期爆発させないために、空から降り注ぐ高速中性子を減速させる第一段階の中性子遮蔽体には、水、重水、ベリリウム、黒鉛、パラフィンの内、水が最も量が少なくてよいということになる。

つまり、「決勝の新兵器」というウラン235の原子爆弾は、第二段階の中性子遮蔽体であるカドミウムの箱を水で覆う格好になるのだろう。

巨大な水槽に入れなければ
早期爆発するウラン235とプルトニウム239

「決勝の新兵器」は空からの高速中性子を水で遮蔽して早期爆発を防ぐ

1944年7月9日の朝日新聞の記事『決勝の新兵器』の中の隠されたフレーズは、空から降り注ぐ高速中性子を減速させて熱中性子に変える第一段階の中性子遮蔽体についての説明であった。

そしてその中性子遮蔽体は、水であった可能性が高いことがわかってきた。

そこで、その新聞記事を隠されたフレーズで補った先述の『補記A』に、第一段階の中性子遮蔽体である「水」を、文に馴染むように挿入してみる。括弧（　）内が、筆者の補った部分である。

補記B――ウラニウムに（高速）中性子を当てれば（核分裂して核爆発する）訳だ

が、宇宙線には（高速）中性子が含まれているので、（目的地まで運ぶ間に）早期爆発の危険がある。そこで、（熱）中性子を通さないカドミウムの箱に詰め、（さらにその外側おいては、高速中性子を水中での散乱によりエネルギーを減少させて熱中性子とし）、いざという時に覆をとり、連鎖反応を防ぐために別々に作ったウラニウムを一緒にして（熱）中性子を当てれば（核分裂して高速中性子を出すから）よい。――

広島原爆と長崎原爆も空からの高速中性子を水で遮蔽した可能性

なんとも奇妙な偶然か真実か、第一章で考察した原爆の爆心地は水、広島の元安川と、長崎の浦上川であった。「決勝の新兵器」を水中に沈めて運ぶのならば、早期爆発する危険はないのかもしれない。

さらに、第四章で抄訳したアインシュタインの手紙にも、「船で運ばれ港湾で爆発するこの新型爆弾は、たった一つで、港湾全体をその周辺地域もろとも見事に破壊するかもしれません。ただし、こうした爆弾は、飛行機で運ぶには重すぎることがすごくよくわかるかもしれません」（米国エネルギー省科学技術情報局のウエブサイト『The Manhatan Project an interactive history』「EINSTEIN'S LETTER TO ROOSEVELT」より抄訳）とあった。

アインシュタインも、空から降り注ぐ高速中性子を遮蔽するためには、「水」を使うのが有効であることを知っていたように見えてくる。

ウラン235製の「決勝の新兵器」、早期爆発させない水の厚さ

①高速中性子が中性子遮蔽体の中を突き進む透過率

ではいったい、どれくらいの厚さの水で遮蔽すれば、早期爆発しないのだろうか。その手がかりは、『原子力百科事典ATOMICA』「放射線防護上の遮へい」の「図3　普通コンクリート中および水中における速中性子線（14－15MeV）の透過率」*に、ありそうだ。

＊財団法人日本アイソトープ協会&財団法人仁科記念財団翻訳『ICRP Publication 21』1971年4月、国際放射線防護委員会専門委員会3の報告「国際放射線防護委員会勧告　体外線源からの電離放射線に対する防護のためのデータ：ICRP Publication 15の補遺」p.94から『原子力百科事典ATOMICA』が「放射線防護上の遮へい（09－04－10－03）」で引用した図

この図3のグラフ（画像6－5）から、約15MeVの高速中性子が減速して0・025eVの熱中性子になるのにはどれくらいの水の厚さが必要なのか、知ることができるかもしれない。

そのためには、「速中性子（高速中性子）線の透過率＝中性子エネルギーが減速した率」で

ある必要がある。もし、この定理が正しければ、このグラフの延長線上に、その答えがあることになる。

なお、引用したグラフ（画像6－5）の透過率は、コンクリート中や水中における透過率なので、厳密には内部透過率ということになる。また、その定理が正しいのであれば、高速中性子を熱中性子まで減速させることができる中性子遮蔽体の厚さを知りたい場合も、内部透過率で対応できると考えられる。なぜなら、第一段階の中性子遮蔽体の厚さ

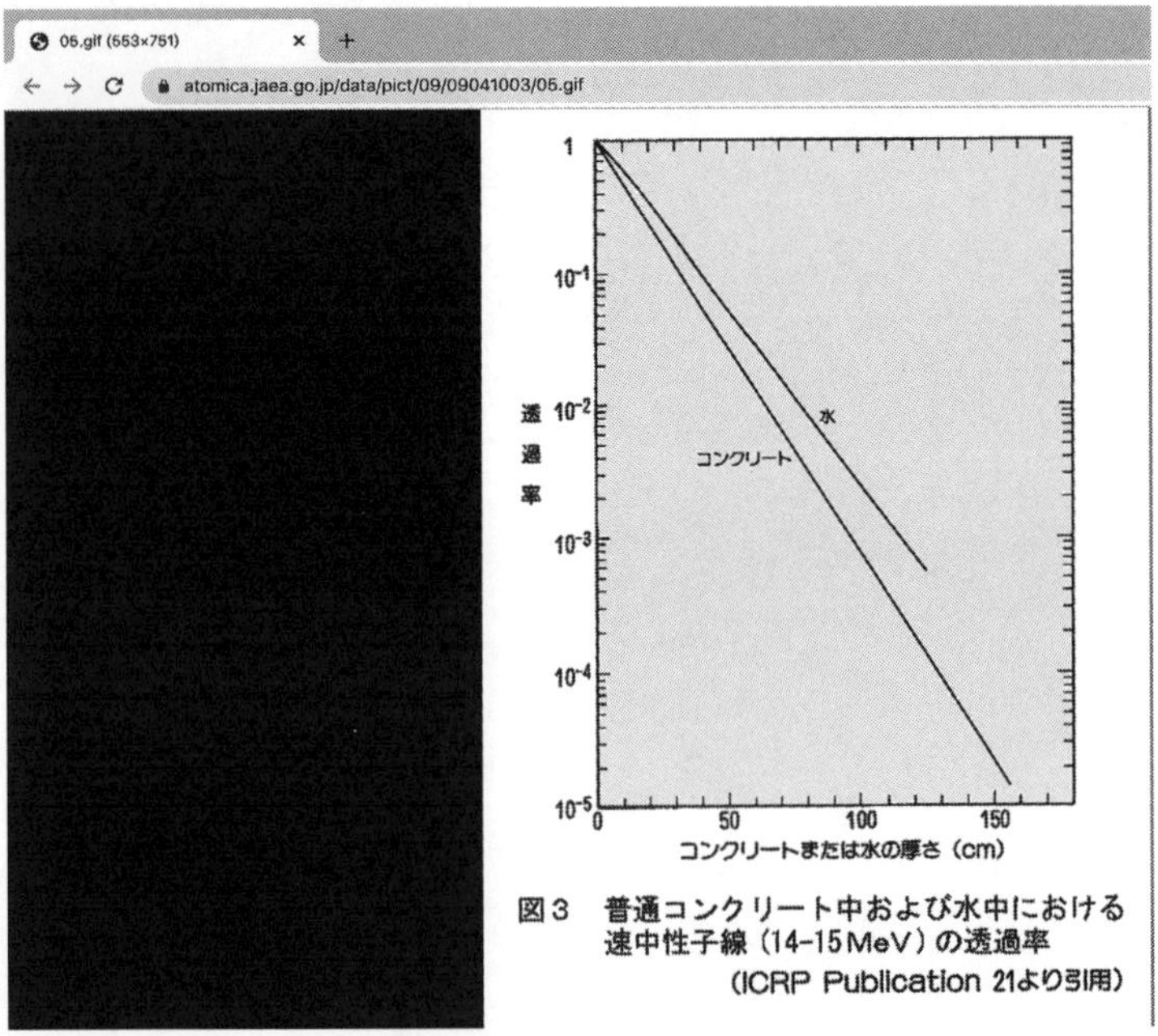

画像6－5　水中における速中性子線（14-15MeV）の透過率（『原子力百科事典ATOMICA』「放射線防護上の遮へい」）

は、空から降り注ぐ高速中性子が原子爆弾を保護する中性子遮蔽体に突入してしまった場合を想定して、中性子遮蔽体の中で熱中性子まで減速させる厚さでなければならないからである。

②高速中性子線の透過率＝中性子エネルギーが減速した率

そこで、「速中性子（高速中性子）線の透過率＝中性子エネルギーが減速した率」という定理が成り立つかどうか、公理から導き出してみようと思う。

《公理》

放射フラックス（W）：単位時間当りに射出、伝達、入射する放射エネルギー量

透過率［τ（λ）］：波長λにおける入射放射フラックスに対する物質を透過するフラックスの割合＊

1W（放射束）＝1J（放射エネルギー）／s＊

1・60×10^{-19}J（ジュール）＝1eV（電子ボルト）＊

＊ゲイロン・サンフォード・キャンベル著、ジョン・マシュー・ノーマン著、久米篤翻訳、大槻恭一翻訳、熊谷朝臣翻訳、小川滋翻訳『生物環境物理学の基礎　第2版』第10章から九州大学

農学部附属演習林が抜粋した「第10章　放射の基礎」p.2、p.3
http://www.forest.kyushu-u.ac.jp/~otsuki/LSM/EnBio-J-10-V3.pdf
＊香港教育大学ウェブページ『功率 Power』
https://www.eduhk.hk/has/phys/work/power.htm
＊大阪教育大学　天文学研究室ウェブページ『単位と換算表（Unit and Conversion Table）』
http://quasar.cc.osaka-kyoiku.ac.jp/colorworld2010/basic/photon/unit.htm

《定理を導き出す》
透過率＝透過するフラックスW／入射放射フラックスW
＝（透）放射エネルギーJ／秒÷（入）放射エネルギーJ／秒
＝（透）J／（入）J
＝（透）eV／（入）eV

つまり、「速中性子（高速中性子）線の透過率＝中性子エネルギーが減速した率」。

③約15MeVの高速中性子を熱中性子まで減速させる水の厚さは3・4メートル

したがって、高速中性子約15MeV（約1500万eV）が0・025eVの熱中性子まで減速

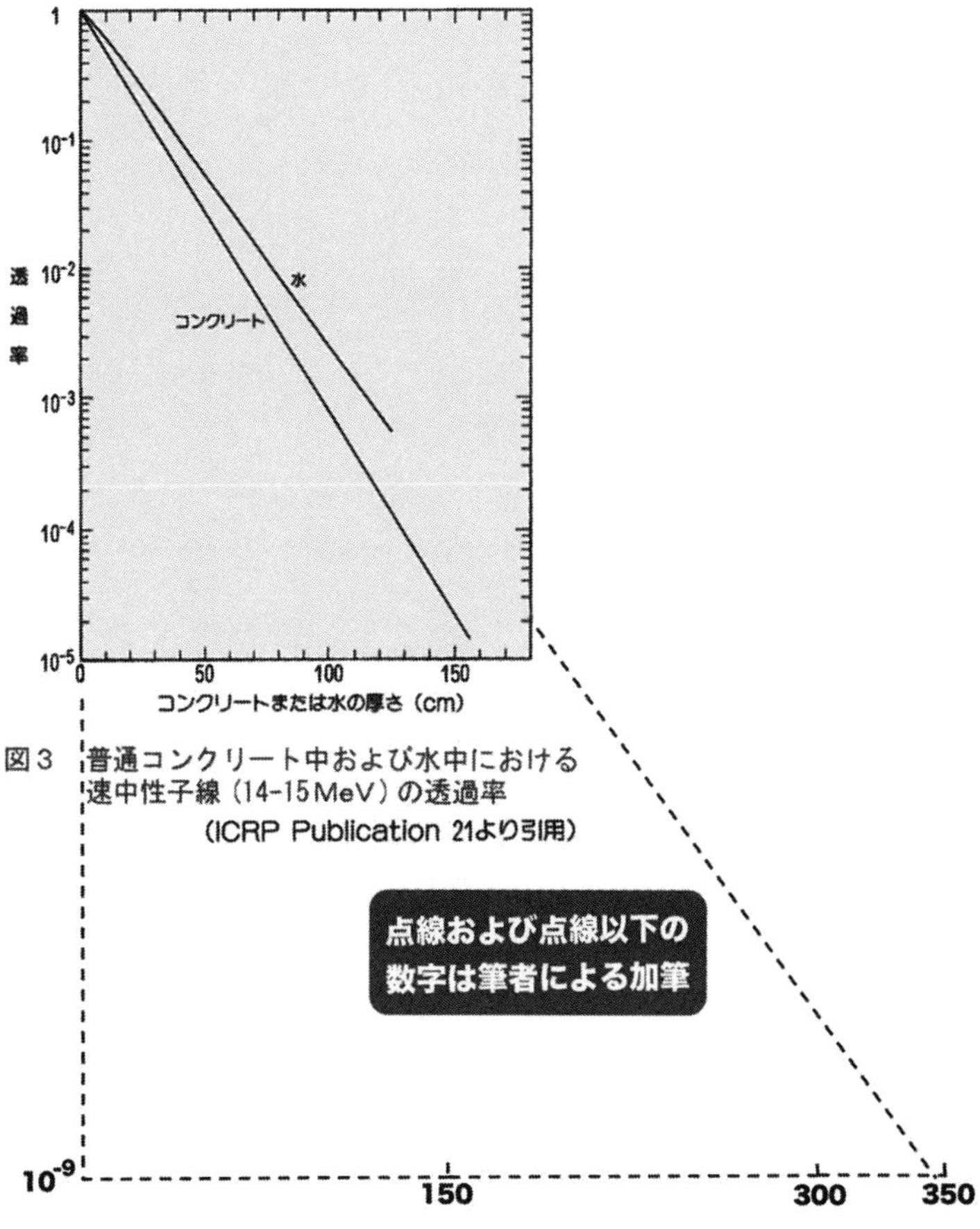

画像6－6　画像6－5に延長線を描き加えた図／点線とその点線に添う数字は筆者による

する倍率は、約0・00000000167倍であり、この倍率は透過率に置き換えることができる。

しかし、このグラフ（画像6－5）を見ると、縦軸の透過率は0・00001までしかない。そこで、このグラフ（画像6－5）に延長線（点線）を描き加えた図（画像6－6／点線と、点線に添う数字は筆者による加筆）を作成してみる。

筆者が点線で延長線を引いた図（画像6－6）を見ると、約15MeVの高速中性子の透過率が0・00000000167のときの水の厚さは、約3・4メートルであることが推測できる。

つまり、空から降り注ぐ約15MeVの高速中性子によって「決勝の新兵器」が早期爆発を起こさないためには、第一段階の中性子遮蔽体として、高速中性子を熱中性子にまで減速させる約3・4メートル以上の水の層でウラン235を覆う必要があるということになる。

④100MeV以上の高速中性子を熱中性子まで減速させる水の厚さは3・4メートルよりもっと厚い

しかし、実際に空から降り注ぐ高速中性子のエネルギーはもっと高い。その分布は、1

00MeV付近にもピークがあり、1000MeVまで分布しているのである。15MeVの高速中性子とは桁が違う。どうなのだろうか、高速中性子のエネルギーが高いと、もっと中性子遮蔽体の厚みを増やす必要があるのだろうか。

その答えは、2002年の日本原子力研究所の研究報告書にあった。

「物質中の透過力が非常に強い100MeV以上の高エネルギー中性子」、「高エネルギー加速器施設の遮蔽では、100MeV以上の高エネルギー中性子の減弱距離が最も長く、遮蔽厚さの決定に及ぼす主要因となる」（日本原子力研究所『JAERI-Tech 2002－035』2002年3月、前川藤夫、勅使河原誠、高田弘、小坂道弘、渡辺昇「大強度陽子加速計画における核破砕中性子源のバルク遮蔽に関する検討」pp.1－2）

やはり思った通りである。高速中性子のエネルギーが非常に高いと、そのエネルギーが弱まるまでに中性子遮蔽体の中で長い距離を通り抜けねばならず、中性子遮蔽体の厚さを増やさなければならないようだ。

約15MeVの高速中性子の場合は、0・025eVの熱中性子まで下げるのに約3・4メートルの水の層が必要であった。そのことを踏まえると、空から降り注ぐ1000MeVの高速中性子を0・025eVの熱中性子まで減速するには、3・4メートルよりもはるかに厚くしなければならないことが推察できる。
ただし、ウラン235製の核分裂爆弾（原子爆弾）の場合、空から降り注ぐ高速中性子を水で遮蔽して熱中性子に変えることは、第一段階の遮蔽に過ぎない。『決勝の新兵器』の記事には、その熱中性子をカドミウムで吸収する第二段階の遮蔽方法が記されている。そのことから、「決勝の新兵器」の外形は、第一段階と第二段階の中性子遮蔽体で覆わなければならないことが想像できる。

ウラン235製やプルトニウム239製の原子爆弾は、重すぎてB29で運べない

仮に、15MeVの高速中性子を0・025eVの熱中性子まで下げる中性子遮蔽体の重さを考えたとき、例えば中心を等距離で囲む半径3・4メートルの水の球体は、体積が約165立方メートル、重さは165トンになる。ということは、空から降り注ぐ100MeV以上の高速中性子を遮蔽するための、第一段階の水の中性子遮蔽体は、165トンよりもかなり重いはずだ。

また、先の日本原子力研究所の研究報告書には、その遮蔽体の重さについて、ヒントに

なりそうなことが記されている。

「高エネルギー中性子を効果的に遮蔽し、かつ安価である実用的な材料として鉄鋼が最も有力である。１ＭＷクラスの核破砕中性子源では、高エネルギー中性子を確実に遮蔽し、生体遮蔽外側の実験室内で作業を行う実験者の被曝を低く抑えるため、約５０００トンにも及ぶ大量の鉄鋼が必要であると考えられている」（日本原子力研究所『JAERI-Tech 2002－035』２００2年3月、前川藤夫、勅使河原誠、高田弘、小坂道弘、渡辺昇「大強度陽子加速計画における　核破砕中性子源のバルク遮蔽に関する検討」p.１）

まさに、アインシュタインの手紙にあった「飛行機で運ぶには重すぎることがすごくよくわかるかもしれません」というフレーズの通りであった。Ｂ29が搭載できる爆弾の重さは最大で9トンであることが知られている。原子爆弾が早期爆発しないための第一段階の中性子遮蔽体の水の重さは、９トンを超えることは間違いなさそうだ。

空から降り注ぐ高速中性子によって早期爆発させない「決勝の新兵器」の構造は、ウラン２３５を含む原料が、Ｂ29に搭載不可能な重さの中性子遮蔽体で覆われている必要があることがわかった。

つまり、高速中性子でも熱中性子でも核分裂して高速中性子を放出してしまうウラン235（濃縮ウラン）やプルトニウム239を原料とする原子爆弾は、重すぎてB29では運べない。

ウラン238製の原子爆弾も、飛行機で運ぶには重すぎる

熱中性子では核分裂せず爆発もせず、高速中性子では核分裂して爆発するウランは、ウラン238である。先に紹介したジェームズ・マーティン不拡散研究センターのウエブページの図5の解説に、ウラン238が高速中性子で核分裂して爆発することが記されている。

つまり、ウラン238製原子爆弾は、空から降り注ぐ高速中性子を熱中性子にまで下げる遮蔽が必要ないことを意味する。

必要な遮蔽は、ウラン238が核分裂しないように、空からの高速中性子を1MeV未満に下げることである。

では、空から降り注ぐ1000MeVの高速中性子を、1MeV未満に下げるためにはどれくらいの水の厚さが必要なのか。透過率は0・001である。

そこで参考までに、先のグラフ（画像6－5）を参照して、15MeVの高速中性子の透過率

0・001のときの厚さを見てみると、約1・2メートルである。これは、空からの高速中性子のエネルギー15MeVを0・015MeVまで減速するのに必要な水の厚さである。

ではそのときの水の体積や重さはどれくらいなのか。仮に、原子爆弾の原料であるウラン238の大きさを点と仮定した場合、それを等距離で囲む半径1・2メートルの球型の水は、その体積が約7・2立方メートル、重さは約7・2トンである。

しかしこの重さは、あくまで15MeVの高速中性子を0・001倍に減速した場合である。

では、空からの1000MeVの高速中性子で早期爆発させないためにはどれだけの水が必要なのか。

それを考えるときの重要なヒントは、先の日本原子力研究所の報告書にある。

「100MeV以上の高エネルギー中性子の減弱距離が最も長く、遮蔽厚さの決定に及ぼす主要因となる」（同書）

このことから、1000MeVの高速中性子の減弱距離は、15MeVの高速中性子の減弱距離よりも長いことがわかる。したがって、中性子遮蔽体である水の厚さも、もっと厚くする必要があるので、その中性子遮蔽体の重さもさらに重いということになる。

このことは、ウラン238を核分裂燃料とする核分裂爆弾（原子爆弾）が、1000MeVを超えて空から降り注ぐ高速中性子によって早期爆発させられないために、最も厚く最も重い中性子遮蔽体を被覆構造として備えておかなければならないことを意味する。それは間違いなく、15MeVの高速中性子を遮蔽する7・2トンよりもはるかに重いはずだ。

その被覆構造に由来する重さこそが、第四章で抄訳したアインシュタインの手紙の言葉「飛行機で運ぶには重すぎる」の正体ではないだろうか。つまり、アインシュタインの手紙を補えば、「船で運ばれ港湾で爆発するこの新型爆弾」は、早期爆発を回避するためにその新型爆弾の原料を巨大な水槽に入れる必要があるため、「飛行機で運ぶには重すぎる」ということになる。

ウラン235製の原子爆弾は戦艦大和の海上特攻なら爆発可能

戦艦大和は最期のとき、キノコ雲をあげたことは有名だろう（画像6－7）。そのときの様子を護衛駆逐艦「雪風」乗員が証言しているので引用する。

「大爆発が起こり、粉になったものと、きのこ雲がもくもくと上がり、その中から大和の船底が二つに割れて、折れたのが並列してずーっと立ったんですよ」（時事通信社『大和よ、安らかに眠れ　護衛駆逐艦「雪風」乗員の証言』「日本海軍の終焉」）

また、そのキノコ雲が、約200キロメートルほど離れた鹿児島県内から見えるほど巨大であったことを物語る記事もあるので引用する。

「こちらは艦が横転した際に海上で大爆発を起こしたもので、この時発生したキノコ雲は鹿児島県内からも見えたといわれている」（朝日新聞出版『AERAdot.』２０１６年12月

5日、河嶌太郎「戦艦武蔵、〝最期〟も大和と似ていた？〔第2主砲塔〕火薬庫が爆発…Nスペで明らかに」）

戦艦大和のキノコ雲を見ると、キノコ雲の脚が雲を突き抜け、その雲の上にキノコの傘の部分が隠れているのが見える。

ここまで勢いよく上昇したキノコ雲を見ると、どうしても原爆を連想してしまうのだが、秘密に包まれた戦艦大和の任務を、

画像6－7　戦艦大和の最期

一度は疑ってみてもいいのではないかと思う。

国立公文書館アジア歴史資料センターのウエブページに、「昭和20年（１９４５年）４月５日、大和に海上特攻隊としての出撃命令が下りました」（国立公文書館アジア歴史資料センター『知っていましたか？　近代日本のこんな歴史』「戦艦大和～最後の戦い～」）とある。

特攻とは、周知の通り、「特に、第二次大戦末期に行われた、旧日本陸海軍による体当たり自爆攻撃のこと」（小学館『デジタル大辞泉』「特攻」）である。

同国立公文書館はさらに、大和を旗艦とする第二艦隊の伊藤整一司令長官が指揮下の各艦に対して伝えた訓示を掲載しているので、次に引用して現代語に訳してみる。

「神機将ニ動カントス。皇国ノ隆替懸リテ此ノ一挙ニ存ス。各員奮戦敢闘、全敵ヲ必滅シ、以テ海上特攻隊ノ本領ヲ発揮セヨ」（戸高一成『戦艦大和に捧ぐ』ＰＨＰ研究所、２００７年、p.１６１）

（現代語訳：非常にすぐれた臨機応変の策略がまさに動こうとしている。この一つの企てに皇国の盛衰がかかっている。各員精一杯勇敢に戦い、全敵を必ず滅ぼし、もって、海上特攻隊の本領を発揮せよ）

伊藤司令長官が言った「神機」（非常にすぐれた臨機応変の策略）とはいったいどんな策略だろう？

しかもその策略には体当たりの自爆攻撃を伴うのである。

しかし結果として、どこにも体当たりはしなかった。１９４５年4月7日、複数の被弾後、午後2時23分に大爆発を起こし、キノコ雲をあげて沈没している。どこにも体当たりしないで沈没したことも、「神機」（非常にすぐれた臨機応変の策略）の想定内だったのだろうか？　もしそれも想定内だったとしたら、皇国の盛衰がかかっている企てとは何だったのか？

その戦果として考えられることは、世界で初めてウラン２３５製の原子爆弾を船に搭載し、それを爆発させていた可能性である。

非常にすぐれた臨機応変の策略なのだから、敵艦や敵陣に体当たりできなかった場合でも、世界初のウラン２３５製の原子爆弾を船で爆発させたなら、それだけでも新兵器の世界初の実施例になったはずである。

なにしろ全長２６３メートル、吃水10・４メートルもある戦艦大和なら、ウラン２３５製の原子爆弾の早期爆発を防ぐのに十分な水で高速中性子を遮蔽することができるのである。

まとめ――原爆が空から投下できない決定的証拠

原子爆弾（核分裂爆弾）の原料には、ウラン235、ウラン238、プルトニウム239がある。これらの原料は、高速中性子によって核分裂して爆発する。

ところが、空から降り注ぐ宇宙線には、約1MeV（100万eV）と約100MeVの高速中性子が多く含まれ、1000MeVの高速中性子まで降ってくる。そのため、原子爆弾（核分裂爆弾）が目的地に到達する前に早期爆発する危険がある。

しかし、高速中性子をしっかり吸収してくれる物質はなく、高速中性子を散乱させて減速させ、熱中性子（0・025eV）に変えてくれる物質ならある。その減速能に長けた物質は水やコンクリートである。

ただし、ウラン235とプルトニウム239は、熱中性子でも核分裂して高速中性子を放出してしまう。つまり、自らの核分裂で放出した高速中性子によって爆発してしまう危険があるのだ。

そのため、ウラン235とプルトニウム239を原料とする原子爆弾（核分裂爆弾）の場合は、高速中性子を熱中性子まで減速してくれる水やコンクリートの層でその原料を覆う必要があるのだが、その層の内側にはさらにもう一層、熱中性子を吸収してくれるカドミウムの層がなければ、早期爆発の危険を回避することができないのである。

実は、この水やコンクリートの層がくせ者である。とんでもなく厚くなければ、空から降り注ぐ1000MeV（10億eV）もある高速中性子を熱中性子（0・025eV）まで減速させることができない。重さにしたら、B29に搭載できる9トンをはるかに超えてしまうのである。

また、ウラン238は、水やコンクリートの層でその原料を覆って、空から降り注ぐ1000MeVもある高速中性子を1MeV未満に減速すれば、早期爆発の危険を回避できる。でもやはり、この原子爆弾（核分裂爆弾）の場合も、水やコンクリートの層はある程度厚くなくてはならない。そのため、B29に搭載できる重さではなくなってしまうのである。

つまり、ウラン235、ウラン238、プルトニウム239を原料とする原子爆弾（核分裂爆弾）は、アインシュタインの手紙の通り、船なら運べるのである。

また、水運の水を中性子遮蔽体としてそのまま利用して、潜水艇で運ぶ方法もあるのではないだろうか。

第七章

広島と長崎の原爆はこうやって爆発させた

原爆ドーム前の元安川がせき止められていた証拠写真

放射線でフィルム感光した外国の芸術写真

この写真（画像7－1）は、ドイツ在住のスイス人美術家ジュリアン・シャリエール（1987－）さんが、かつて米国の核実験場であったビキニ環礁の無人島で、その風景と建築物を撮影した作品である。作品のタイトルは『Second Suns』（第二の太陽たち）。

彼は、核実験場の砂の残留放射線を使って感光させた写真をいくつも発表していることが知られている。*

*Website『Edition Hatje Cantz』「Julian Charrière-Radiant Images」

画像7－1 『第二の太陽たち』（ジュリアン・シャリエール撮影、ビキニ環礁の島）

この写真の制作方法は、彼の作品集『Enyu I-

『Terminal Beach』（エンユ1ーターミナル・ビーチ）を出版したドイツのハーチエ・カンツ出版のウエブページで紹介されている。それによると、ネガが現像される間、その上に放射線が残留するビキニ環礁の浜の砂粒を置くことで、写真に抽象的な輝く軌跡を残すという。

確かに、『第二の太陽たち』と題されている通り、写真の至る所に太陽のような輝く丸がいくつも見える。これらの輝く丸は、シャッターを切ったときに写り込むのではなく、すでに可視光によって感光したフィルムが、さらに砂粒の残留放射線によって感光した跡ということのようだ。

放射線でフィルム感光した日本の写真

さて、放射線によって感光した写真がどんなものなのかご覧いただいたところで、広島原爆爆発後の日本で、日本人が撮影した写真（画像7－2）＊を見てみよう。

この写真（画像7－2）の撮影者は、大日本帝国陸軍中国軍管区司令部の報道部員と中国新聞写真部員を兼任していた松重美人《よしと》さん当時32歳。＊この写真は、「被爆後、元安川下流の元安橋から初めて撮影された広島県産業奨励館（原爆ドーム）＝1945年8月（撮影：松重美人）」のキャプションを付した反核・写真運動（監修）、小松健一（編集）、新藤健一（編集）

『決定版　広島原爆写真集』（２０１５年、勉誠出版）をはじめ、内外のメディアで掲載されている。

＊『The New York Times』Mike Ives「After Atomic Bombings, These Photographers Worked Under Mushroom Clouds」Aug. 6, 2020

＊虎ノ門総合法律事務所『判例全文』「【事件名】被爆写真、著作権確認事件」

この写真（画像７－２）にも、シャリエールさんの写真（画像７－１）と同様に、太陽のような輝く丸がいくつも観察できる。ただし、写真の現像方法については大きな違いがありそうだ。その違いとは、松重美人さんが、元安橋を含む爆心地周辺の土を採取してネ

画像７－２　元安橋から見た原爆ドームと元安川（松重美人撮影、1945年８月）

ガを現像する際に用いたのではないと考えられる点だ。松重美人さんは、ただ、元安橋から元安川を撮影し、現像したらこうなっていたということだと考えられる。つまり、フィルムバッジのように、ただ首から提げていただけのカメラ（マミヤシックス）を貫通した放射線が、フィルムを感光してしまった可能性が考えられる。すなわち、彼の訪れた場所は、とんでもなく放射線の高い空間だったということになるのだろう。

ただし、松重美人さんが撮影した原爆爆発後の他の写真もみな放射線によってできた第二の太陽たちが写り込んでいるのかというと、そうではないのだ。中国新聞『平和メディアセンター』のウエブサイトや、広島県『国際平和拠点ひろしま』のウエブサイトによれば、彼が残した原爆爆発後の1945年8月6日当日の写真は5枚とされ、その5枚には第二の太陽たちは見当たらないのである。しかも、第二の太陽たちが写り込んだ元安川の彼の写真は、原爆爆発当日の写真には数えられていないという奇妙な状況にある。

撮影日が機密

ではいったい、いつ撮影したフィルムなら、原爆当日に撮影した5枚の写真よりも強い放射線で感光するというのだろうか。その手がかりになりそうな松重美人さんの足取りを次に引用する。

「被爆当日に5枚の写真を撮った後は、広島をいったん離れる。妻は次女を身ごもり、めいがけがを負って運ばれてきたからだ。両親と長女を疎開させていた愛媛県・大三島に向かった」（中国新聞ウエブサイト『平和メディアセンター』「伝えるヒロシマ⑦ 原爆記録写真務め…葛藤のシャッター」）

公称では、松重美人さんは、放射線によるフィルム感光のない5枚の写真を残して原爆爆発当日に、いったん広島市を離れたことになっている。

そうなると、元安橋から撮影したフィルムをカメラに装塡したまま、放射線のとても強い場所を歩いたのは、原爆の当日しか考えられないということになるのではないか。しかし、公称ではそのような説明はない。

そこで視点を変えてみると、撮影の日時を公表できない可能性があることを説明してくれる職制が松重美人さんにはあったことに気づかされる。多くの軍事機密を抱えていた陸軍の、その中国軍管区司令部の報道部員であるということである。なお、この写真（画像7-2）の撮影の日時を秘密にしなければならない使命を松重美人さんが課せられていたか否かは、後ほどこの写真を注意深く観察することで、この写真自体が自明してくれる。

まずは、公表された原爆当日の松重美人さんの足取りの中で、元安橋に到達することができそうな時間はないか、確かめてみることにしよう。その足取りは、『平和メディアセンター』と『国際平和拠点ひろしま』の両ウエブサイトに、原爆当日に撮影された5枚の写真の撮影時刻／爆心地からの距離／撮影場所、その他の行動が説明されているので、時系列にまとめてみる。

・午前11過ぎに1枚目と2枚目の写真を撮影／爆心地から南南東に約2・3キロメートルの御幸橋西詰。
・午後2時ごろ3枚目と4枚目の写真を撮影／爆心地から南南東に約2・7キロメートルの翠町の自宅兼理髪店。
・午後2時ごろから午後4時ごろまでの間、再び家を出て、中国新聞（爆心地から東に約900メートルの中区胡町）または陸軍中国軍管区司令部（爆心地から北に約750メートルの中区基町）に向かい、爆心地から東に200メートルの紙屋町へ進んだ。
・午後4時過ぎ5枚目の写真を撮影／爆心地から南南東に2・3キロメートルの皆実町三丁目交差点付近。

これら5枚の写真は、マミヤシックス（60ミリメートル×60ミリメートルのフィルム用、12枚撮り）で撮影され、*放射線によるフィルム感光の跡が見られない。この足取りから、原爆の当日であっても、爆心地から2・3キロメートル以上離れていれば、カメラを貫通して内部のフィルムを感光させるほど強い放射線はなかったことがわかる。したがって、1枚目から4枚目までを撮影した午前11時から午後2時ごろの間は、爆心地に近づいていないことになる。

ということは、午後2時ごろまでに撮影したフィルムは爆心地から離れた自宅に安置して、午後2時ごろから4時までの間に爆心地に近い紙屋町に差しかかったと考えられる。つまりこの時間帯に、爆心地付近の元安橋で撮影したかもしれない機密の時間が存在する可能性がある。

*中国新聞ウエブサイト『平和メディアセンター』「伝えるヒロシマ⑦ 原爆記録写真 務め…葛藤のシャッター」

*中国新聞ウエブサイト『平和メディアセンター』「生き地獄にシャッターが切れず…」／平和図書No.6『被爆証言集 原爆被爆者は訴える』第2版、財団法人広島平和センター編集・発行、1999年、pp.108-116

*広島県ウエブサイト『国際平和拠点ひろしま』「II原爆報道—2惨禍の取材」

＊虎ノ門総合法律事務所ウェブサイト『判例全文』「被爆写真、著作権確認事件」

撮影日が原爆爆発の当日であった証拠

この写真（画像7－2）には、撮影日を物語る大変貴重な情報が記録されていた。それは、元安川の水が、真っ黒なブラックミラーのように見えることである。

ではなぜ、元安川の水が真っ黒になったのか。この理由は日本気象学会1989年発行『天気　第36巻　第2号』の増田善信著「広島原爆の〝黒い雨〟はどこまで降ったか」が詳しいので引用する。

「気象台のあった江波山では当日一滴の雨も降らなかったが、北西方向に強い雨足が望見され、午前10時02分から11時09分にかけて雷鳴がきかれ10時52分には北北西の方向に電光が観測された。〈中略〉

爆心の北西9キロメートルの旧伴村字大塚の上原氏は「光って15分くらいしてボッポッ降り出し、黒い雨が随分降った。夕立、大雷鳴、大粒雨、午後2時頃まではボッボツ落ちたよう。川へ真っ黒い水ガウガウ流れて〈中略〉

爆心のすぐ東側の小雨域と，それを馬蹄形にとり囲んで，神田川や太田川に沿って存在する大雨域は」（公益社団法人日本気象学会『天気　第36巻　第2号』pp.69－79、1989年、増田善信「広島原爆の〝黒い雨〟はどこまで降ったか」pp.70－76／括弧〈 〉内は筆者による）

この論文によれば、黒い雨は原爆爆発後の1945年8月6日午前10時2分から午後2時ごろまで降り、太田川沿いでは大雨が降ったことが記されている。

元安川は、太田川（本川）から相生橋で分流している川である。太田川へと流れ込んだ真っ黒い水は、当然、元安川へも流れ込んだであろうことが推察できる。

そうなると、写真（画像7－2）の元安川が真っ黒なブラックミラーに見えるということは、すなわち、撮影日時は原爆爆発当日であり、午前10時2分以降ということになる。

そこまでわかると、時間もおおよその見当がつく。相生橋や広島県産業奨励館（原爆ドーム）に映る影を見ると、撮影時の太陽高度は35度から40度の間であったと考えられる。そこで、この太陽高度を基に、1945年8月6日の撮影時刻を「keisan.casio.jp」で算出してみる。また、太陽方位、満潮・干潮時刻も同様に算出する。

撮影時刻はおおよそ午後3時45分～4時15分ごろであったようだ。太陽方位はおおよそ263度～268度（西が270度）、干潮時刻は午後3時であった。つまり、干潮から約

1時間後の写真であったことが推察できる。

干潮でも、川上で強い雨が降ってその真っ黒い水がガワガワと川に流れ込めば、川底が見えるほど干上がることはないのはわかる。しかし、ブラックミラーのように風景を映していることは、撮影日時が推察できても、依然ミステリーなままである。

元安川がせき止められていた証拠

写真（画像7－2）の元安川の水面に、相生橋と原爆ドームとその下の石組みの護岸が、きれいに逆さに映っているのが見えるだろうか。しかも、鏡に映したように鮮明に映っているのだ。さらに細かく見ていくと、例えば、相生橋の上に見える外灯らしき細い棒状の線が、水面に、歪んだりすることなく映っている。これはいったいどういうことだろう。まるで風のない日の池の水面のようではないか。鏡に映したように鮮明に、元安川の水面に原爆ドームが映っている写真を他に見たことがない。

もしかして、原爆ドーム前の元安川はせき止められていたのではないだろうか。もしそうだとしたら、なぜ？　流れてほしくない貴重品でも落としてしまったとでもいうのか。

ともかくこの写真には、元安川をせき止めていた証拠が記録されてしまっているようだ。

しかもその川はブラックミラーのように黒く、原爆爆発直後に降った黒い雨が流れ込んだかのようだ。

もし仮に、この写真（画像）の撮影日が原爆当日であったと公表していたら、どういうことになるのだろう。原爆ドーム前の元安川は、原爆の爆発前からせき止められていたことになる。そうなると、元安川の貴重な落とし物は、原爆の爆発前から川に落ちてしまうことが予測されていたと言い出す者も出るだろう。

なぜなら、広島原爆が爆発した後、ゴールドよりも高価な金属が生成されていたことが、現代の原子力産業の常識から予測できるからだ。

原爆ドーム前の元安川から長崎原爆の原料を回収

ウラン爆発から長崎原爆の原料プルトニウム239が生成されるシナリオ

長崎の原子爆弾（核分裂爆弾）の原料は、プルトニウム239であったことが知られている。第六章で紹介したジェームズ・マーティン不拡散研究センターのウエブページには、プルトニウム239が高速中性子による核分裂で爆発することが記されている。

また、自然界にはほとんど存在しないプルトニウム239がウラン238の中性子吸収によって生成されるシナリオは、今や原子力産業の常識だろう。原子力百科事典『ATOMICA』から、その詳しいシナリオを引用する。

「ウラン238は約1MeV（百万電子ボルト）以上の中性子で核分裂反応を起こすだけである。しかし、どのようなエネルギーの中性子も容易に捕獲してウラン239になる。このウラン239は、

（ウラン239）　ーー→ベータ線　（ネプツニウム239）　ーー→ベータ線　（プルトニウム239）

23・5分（*）　2・35日（*）

（）時間は半減期

のように2回のベータ崩壊によりネプツニウム239を経てプルトニウム239に変わる」（国立研究開発法人 日本原子力研究開発機構『原子力百科事典ATOMICA』「核燃料増殖のしくみ（03－01－01－04）」）

つまり、ウラン238がどのようなエネルギーの中性子でも容易に捕獲してウラン239になると、23・5分後にその半数がネプツニウム239に変わり、さらに2・35日後にその半数がプルトニウム239に変わるというシナリオだ。

もしも、広島の原子爆弾の原料にウラン238が含まれるのであれば、爆発時の核分裂で発生した中性子を吸収して、プルトニウム239も生成されたはずである。広島の爆心地でウラン239の4分の1がプルトニウム239になった日時は、8月6日午前8時15分から「23・5分＋2・35日」後の、8月8日午後5時ごろであったと考えられる。

日本の広島原爆の原料の説明に統一性なし

では試しに、このプルトニウム239生成のシナリオを、原子爆弾は空から投下されたと主張する政府発表の広島の原子爆弾（核分裂爆弾）の原料に照らして、検証してみることにする。

その前に、広島の原子爆弾の原料を、大学や公共団体や政府がどう説明しているのか、その統一性のなさを見ていただくために引用する。

・長崎大学原爆後障害医療研究所のウエブページより

「原爆では一瞬に多量のエネルギーを放出させる必要があり、ウラン235を100%近くに濃縮した燃料を使用します」（長崎大学原爆後障害医療研究所ウエブページ『一般の皆さまへ　放射能Q&A』「5．原爆と原子炉はどう違うのですか」）

・国立広島・長崎戦没者追悼平和祈念館のウエブページより

「広島に投下された原子爆弾は、細い筒状の両端に100%近い濃縮ウラン235を2つに分離しておき、これを高性能爆薬の爆発で一つに集めて核分裂が連鎖的に起こるようにしたものです」(国立広島・長崎戦没者追悼平和祈念館ウェブページ『放射線Q＆A』「広島と長崎に落とされた原爆は、それぞれどのように違うのですか?」)

長崎大学原爆後障害医療研究所と国立広島・長崎戦没者追悼平和祈念館は、広島の原子爆弾の原料のほぼ100%がウラン235であったと説明している。このことを前提にすると、広島の原子爆弾(核分裂爆弾)が核分裂して爆発した爆心地で、プルトニウム239が生成されることはない。

・内閣府原子力委員会のウエブページより

「リトルボーイには60kgのウラン235(全ウランに対するウラン235の割合が80%の濃縮ウラン⑩75kg)が用いられた。〈中略〉長崎に投下されたプルトニウム型爆弾は、約6kgのプルトニウム239が用いられたが、〈以下略〉

〈脚注〉⑩天然ウランの中にウラン235は0・7%しか含まれていないが、この天然ウランを全ウラン中のウラン235量が80%になるまで濃縮した高濃縮ウラン」(内閣府原子力委員会『原子力のすべて』「第7章　核兵器を拡散させない」p.218／括弧( )内は筆者による)

ちなみに天然ウランの組成は、ウラン２３５が約０・７％、ウラン２３８が約99・３％である。

つまり、内閣府が説明する広島の原子爆弾の原料はウラン２３５が80％で60kgであったということは、ウラン２３８は20％で15kgだったことになる。また長崎の原子爆弾の原料は、約６kgのプルトニウム２３９であったという。

このことを前提にすると、広島の爆心地では、15kgのウラン２３８のいくらかが、中性子を吸収してウラン２３９になり、ネプツニウム２３９を経てプルトニウム２３９が生成されたことになる。

バレるとまずい広島原爆の原料、ウラン238

それにしても、どうして広島の原子爆弾の原料の説明において、内閣府と大学と公共団体の間でこうも大きな違いが生じているのだろうか？

そもそも原子爆弾（核分裂爆弾）は、１９４４年の朝日新聞の記事『決勝の新兵器』を基に第六章で解明した通り、ウラン２３５は宇宙線に含まれる中性子によって早期爆発する危険があるため、ものすごく厚い中性子遮蔽体で覆う必要があり、重すぎてB29では運べないのである。

しかも、その記事の信憑性について原子力の専門家は、「この内容がU原爆の起爆操作と全く同じである点を注意したい」（東京工業大学『技術文化論叢　第14号』pp.1－41、2011、深井佑造「〝二号研究〟の原子炉物理を再現する―'2'と云う数詞に辿り着いた研究―」p.11）と、太鼓判を押しているのである。


しかし、広島や長崎の原子爆弾（核分裂爆弾）の構造を説明した資料で、宇宙線の高速中性子による早期爆発の危険を回避するための中性子遮蔽体について記されたものを、見たことがない。公称の原子爆弾の説明すべてが大ウソであると筆者は確信している。

先の通り、大学や公共団体や政府による広島原爆の原料の説明に、ウラン238が含まれていたり、いなかったりするのは、なぜか？

「ウラン238」が広島原爆の原料に含まれていたらまずいのではないか？

もしかすると、広島原爆がウラン238製だった場合、ウラン238が中性子を捕獲することでプルトニウム239を生成するため、「広島の原爆によって生成されたプルトニウム239はどう処理したの？」という疑問を生むことになるからではないか？

この真相を隠すためのウソとウソの上塗りが、大学や公共団体や政府による原子爆弾の原料の説明に違いを生じさせたのではないかと想像してしまう。また、これら三者の説明のいずれかに真実があるかどうかも疑わしい。

広島原爆爆発後の元安川から長崎原爆用のプルトニウム239が生まれる

ウラン235、ウラン238、プルトニウム239を原料とする原子爆弾は、早期爆発の危険を回避するための中性子遮蔽体が重すぎてB29には搭載できないことを第六章で説明した。その原子爆弾の実相を踏まえると、日本が自ら原子爆弾を爆発させるしか爆発方法はなかったことが導き出される。

では、自然界にはほとんど存在しないプルトニウム239をどうやって準備したのかという大きな問題にぶち当たる。当時の日本には、中性子の数や中性子のエネルギーを制御するための実験用原子炉もないのだ。プルトニウム239を生産するためには、次のシナリオが必要だったはずである。

ⅰ）ウラン238を、宇宙線の高速中性子で核分裂して爆発しないように中性子遮蔽体である水に沈めておく。

ⅱ）その水からウラン２３８を引き上げて水上に露出させ、宇宙線の高速中性子に晒して爆発させる。

ⅲ）中性子を取り込んでも核分裂しなかったウラン２３８がウラン２３９になり、時間の経過とともに23・5分後にはその半数がネプツニウム２３９に変わりながら、地上に降下する。降下したネプツニウム２３９の半数が２・35日後にプルトニウム２３９に変わってしまう前に、水中に保管する。

広島と長崎の原爆はこうやって爆発させた

このｉからⅲのシナリオを、戦時下にあった１９４５年８月６日の日本の軍事体制や環境に照らして、あくまでも可能性としてシミュレーションしてみる。

①空襲を免れた呉海軍工廠砲熕実験部、*第三課（火工兵器）。*ウラン２３８を原料とする核分裂爆弾を製造する。

＊中国新聞『広島平和メディアセンター』「継承のかたち　地域でたどる戦後75年　第2部　島陰の戦争〈5〉文化遺産として」

＊政策研究大学院大学『Ｃ・Ｏ・Ｅ・オーラル・政策研究プロジェクト』「西田亀久夫（元文部省

官房審議官）オーラル・ヒストリー」pp.40–41

②8月6日早朝、宇宙線の高速中性子で原料のウラン238が早期爆発を起こさないように、水中を潜行する特殊潜航艇2艘に原料を臨界質量未満に分散して搭載し、呉海軍工廠砲熕実験部を出発する。

③特殊潜航艇2艘は水中を潜行して広島湾から元安川に入り、川底近くを潜行しながら北上して、午前8時ごろの満潮のころに元安橋の下を潜り抜け、水深約4メートル*に増水した広島県産業奨励館（原爆ドーム）前に到着する。元安橋近くの川底に設置した石製の低い水門を閉める。

*広島大学学術リポジトリ『広島大学文書館紀要　第11号』pp.1–20、2009年、谷整二「1945年8月6日、広島の川の状況—水深・流速・川幅・橋・河岸—」p.8

④特殊潜航艇2艘に搭載したウラン238の二塊を水中でドッキングさせた後に特殊潜航艇2艘は水上に浮上し、宇宙線の高速中性子に曝露する。

⑤一塊になった臨界質量以上のウラン238が、空から降り注ぐ高速中性子によって核分裂を連鎖的に引き起こして爆発に至る。爆発的な速度で放射状に膨張しようとする力が水面や大地を蹴って火球が急上昇する。

⑥一方、中性子を取り込んでも核分裂せずにウラン239になったものが、水の蒸発した元安川の川底に落ち、また上昇したものは午前10過ぎに降り出した黒い雨とともに黒い水となって川に流れ込む。その2分の1が23・5分後にネプツニウム239に変わり、時間の経過とともに、さらに多くがネプツニウム239に変わっていく。

⑦8月6日午後3時の干潮時*、広島県産業奨励館（原爆ドーム）前の元安川に浅く溜まった黒い水に、無水硝酸を溶かしてネプツニウムが溶け込んだ水溶液*を作り、ポンプで汲み上げて回収し、水門を破壊する。水門を破壊する理由は、回収しきれなかったネプツニウム239が後日プルトニウム239に変わって一箇所に集まってしまうのを避けるためである。

*広島大学学術リポジトリ『広島大学文書館紀要　第11号』pp.1－20、2009年、谷整二「1945年8月6日、広島の川の状況―水深・流速・川幅・橋・河岸―」p.8

＊腐食防食学会『材料と環境 第57巻 第12号』pp.５３６－５４１、２００８年12月、本岡 隆文、山本 正弘「ネプツニウム含有硝酸溶液中でのステンレス鋼の腐食挙動」

⑧回収したネプツニウム含有の硝酸溶液を、長崎市内の浦上川沿いの軍需工場まで、海上輸送する。

⑨8月8日午後5時以降、中性子遮蔽体で覆われた軍需工場の施設にて、ネプツニウム２３９からプルトニウム２３９に変わった硝酸プルトニウム溶液＊を加熱脱硝して蒸発乾固させ、プルトニウム２３９を抽出して臨界質量未満に分散し、カドミウムで覆う。

＊国立研究開発法人 日本原子力研究開発機構『原子力百科事典ＡＴＯＭＩＣＡ』「転換工程（04－07－02－04）」

⑩8月9日午前8時30分の満潮時に、特殊潜航艇2艘にカドミウムに覆われた原料を分散して搭載し、浦上川を北上して岩竹橋と簗橋の間に到着する。

⑪8月9日午前11時前に、特殊潜航艇2艘に搭載したプルトニウム２３９の二塊を水中で

ドッキングさせ、カドミウムの覆いを水中で外す。水中で減弱した熱中性子がプルトニウム239を核分裂させて高速中性子を放出させる。その高速中性子を取り込んだプルトニウム239がさらに多くの高速中性子を放出して爆発的に増大する核分裂連鎖反応を引き起こし、爆発する。爆発的な速度で放射状に膨張しようとする力が川底を蹴って火球を急上昇させる。

このように、広島のウラン爆発と長崎のプルトニウム爆発は、日本列島特有の自然環境と地理と、特攻隊員をフル活用した、一揃いの核実験だったということになるのだろう。第三章で紹介したマッカーサーの言葉通り、「それ（原子爆弾）はすでに現代文明の自殺の手段になってしまった」のである。

しかし、この核実験の犠牲になった人々の命と、地獄の痛みや苦しみの日々と、破壊された人生に見合う価値が、いったいどこにあるというのだろうか。

第八章

原子爆弾を日本人に使用した目的とは？

元ＡＢＣＣ米軍医：原爆は「子々孫々にわたって遺伝子を破壊する意図的な殺人行為」

原爆の目的は、ただ人を殺すことではなかった。元ＡＢＣＣ（原爆傷害調査委員会）の米軍軍医でありカリフォルニア大学ロサンゼルス校小児科名誉教授である日系人ジェームズ・ヤマザキ医師が、同大学のウエブサイトで、原爆の目的を掲載している。

まずは原爆の目的を紹介する前に、ＡＢＣＣ（原爆傷害調査委員会）の成り立ちについてを、米国科学アカデミーのウエブページから抄訳しておく。

「１９４６年11月、ハリー・Ｓ・トルーマン大統領は、米国科学アカデミーの米国学術研究会議（ＮＡＳ－ＮＲＣ）が広島と長崎の原爆の生存者の長期調査を始めることを許可する指令を出した。すでにトルーマンの指令よりも一足先に、予備の状況調査を行うために、米国学術研究会議の医学部門の下で原爆傷害調査委員会を名乗る五つ星の将校が日本に送られていた。原爆傷害調査委員会（ＡＢＣＣ）は、１９４７年3月に米国学術研究会議の医学部門の管理下で正式に設立された」（National Academy of

Sciences『Organized Collections』「Atomic Bomb Casualty Commission, 1945－1982」）

このことから、米国には１９４６年11月まで、原爆の発明を証明するために殺傷能力データをとるという、国としての事業計画がなかったことがわかる。こういう些細なところに、原子爆弾が米国発明の新兵器ではなかったことを自明するほころびがあるように感じられる。

さて、原爆の目的についてだが、それを掲載したウエブページは、カリフォルニア大学ロサンゼルス校（ＵＣＬＡ）に１９６９年に創設されたアジア系アメリカ人研究センター（Asian American Studies Center）の「Children of the Atomic Bomb」（原子爆弾の子どもたち）と題されたページにある。次に、２００８年ごろに原爆の目的を説明したジェームズ・ヤマザキ医師の証言を含む部分を和訳する。

「『原子爆弾の子どもたち』

＝誰が、なぜ：ジェームズ・ヤマザキ博士、本人の言葉で＝

１９４９年、ジェームズ・Ｎ・ヤマザキ博士は33歳のとき、爆弾の影響を調査するために長崎に配属された米国の原爆医学チームの主席医師でした。この爆弾は、人の体、脳、遺伝子を子々孫々にわたって破壊する意図的な殲滅行為でした。

その人間と肉体の犠牲は、それ自体が全人類のために代弁する。なのに21世紀に至っても未だに各国は、さらに多くの核兵器の製造と管理を画策している。ヤマザキ医師は、90歳代の今日も、『原子爆弾の子どもたち』をモニターでチェックし続け、核破壊に直面している人類に代わって執筆し続け、発言し続けている」（UCLAウェブサイト『UCLA Asian American Studies Center』「Children of the Atomic Bomb」http://www.aasc.ucla.edu/cab/）

原爆の目的は、このワンフレーズ「この爆弾は、人の体、脳、遺伝子を子々孫々にわたって破壊するという意図的な殲滅行為でした」（原文：This bomb was a deliberate act of destruction that destroyed human bodies, brains, and genes for generations.）に要約されている。

人は移動もするし、繁殖もする動物である。子々孫々にわたる原子爆弾の被害は広島と長崎にとどまるはずもなく、人類の遺伝子が子々孫々に広がって破壊されていくことになる。なんとも愚かすぎて恐ろしすぎる兵器ではないか。

こんな目的で米国が第二次世界大戦中に原子爆弾を投下したというのならば、これは、いくら戦勝国とはいえ、明らかな戦争犯罪である。

しかも広島と長崎の居住者が受けた被害は子々孫々にわたって続いているというのだから、米国が補償し続けなければならないはずだ。しかし、こんな極悪非道な原子爆弾の目的を、つまり米国の戦争犯罪を暴露するような元ＡＢＣＣ米軍軍医の言葉を、米国の州立大学の公式サイトが、堂々と掲載しているのである。

この矛盾した米国の状況は、たった2発の新型爆弾で敵を無条件降伏させた世界最強の米国という周知の歴史と、原爆は日本の自爆だったのだから被爆者に対する責任は米国にはない、というジレンマからのほとばしりのようにも見える。

また、あまりにも受け入れ難く信じ難いことだが、原子爆弾が「人の体、脳、遺伝子を子々孫々にわたって破壊する意図的な殲滅行為」であったことと、英米ハイドパーク合意の「原子爆弾は日本人に対して使用すべき」を重ね合わせると、原子爆弾は、日本人の「遺伝子を子々孫々にわたって破壊する」ことが目的だったことになってしまう。

ではいったいなぜ、日本人の遺伝子を子々孫々にわたって破壊しようなどという発想が生まれたのか。

それについては、例えば香港の初代財務長官モンゴメリー・マーチンがヴィクトリア女王に対して日本人の先祖がエジプトから渡来した可能性を公式報告していたように、*日本人が知らない外国の日本人史研究を明らかにし、人類のどこかのグループに宿る日本人への怨念を、民俗学・宗教学・歴史学の視点から遡《さかのぼ》る必要がありそうだ。

*『China; Political, Commercial, and Social; in an Official Report to Her Majesty's Government Vol. 1』p. 277

放射線が細胞や遺伝子に及ぼす影響：日本の研究は戦前から世界で有名

ジェームズ・ヤマザキ医師の言葉「この爆弾は、人の体、脳、遺伝子を子々孫々にわたって破壊するという意図的な殲滅行為」から、さらに恐ろしい史実が浮かび上がる。それは、原子爆弾が「人の体、脳、遺伝子を子々孫々にわたって破壊する」ことを、すでに原爆を爆発させる前から知っていた人々が存在していることだ。そうでなければ、そのような意図は生まれないのだから。

実際、１９４５年8月当時の放射線や生物学や遺伝学の研究者は、放射線が細胞や遺伝子に影響を及ぼすことを知っていたし、放射線生物学という分野まであった。

まず、英国の『ネイチャー』に掲載されて世界に知られることになった日本の論文のタイトルを和訳する。

『ネイチャー第１４２巻』p.３５９、１９３７年8月28日、中泉正徳、村地孝一、山村Y.「サイクロトロンによって生成される放射線の生物学的影響」（『Nature volume

140,』p. 359, 28 August 1937, M. NAKAIDZUMI, K. MURATI & Y. YAMAMURA「Biological Effects of the Rays produced by a Cyclotron」)

『ネイチャー第142巻』pp.534－535、1938年9月1日、中泉正徳&村地孝一「ソラマメに対するBe＋D線の作用」(『Nature volume 142』pp. 534－535, 1 September 1938, MASANORI NAKAIDZUMI & KÔITI MURATI「Effects of Be-D Radiations upon Vicia Faba」)。この論文タイトルを論文の要約に基づいて注釈すると、「ベリリウムへの重陽子照射で発生する放射線のソラマメへの影響」。

なお、戦前の日本の物理学会は、生物学会に働きかけて放射線生物学の重要性を広めていった経緯がある。その経緯を、1990年の『日本物理学会誌 第45巻 第10号』に掲載された、国立遺伝学研究所の元所長の森脇大五郎教授の寄稿文「仁科先生と放射線生物学」から引用する。

「仁科研究室で日本における最初のサイクロトロンからビームが出たのは昭和12年4月3日の朝のことだが、先生はすぐに村地氏のところに来られて、生物に当てて結果を出すようにいわれた。村地氏は早々東大放射線科の中泉正徳教授の援助の下にハツカネズミに対する中性子の作用を見た。村地氏によると、先生はこの結果を直ぐボーア先生のところに送られ、日本で初めて物理学者と生物学者とが手をとって仕事を始めることができたと報告された。

それに対してボーア先生からは折返し激励の手紙が来た。村地氏はつづいて「ソラマメに対するBe＋D線の作用」を中泉正徳・村地孝一共著で、「家蚕に対するBe＋D線の作用」を中泉正徳・木暮慎太・村地孝一共著として発表、さらに「サイクロトロン室における生物飼育の結果1．家兎の臓器に現われる傷害について」（中泉正徳・村地孝一・宮川貞子）を報告している。

〈中略〉

中性子とX線の遺伝的影響については、ショウジョウバエによる研究がナガイとトッシャー〈中略〉我々の場合にも1雄から1突然変異の場合と1雄から2又は3突然変異を生じた場合とがほぼ同数位となっていた。この1雄当りに対してさらに1染色体当りの'grouping of mutations'が考えられるので、ついでその場合について調査し、これに対する中性子とX線との作用の比較を試みた。一応の結果は得られたが、まだ予備的な段階であり、充分な論據を得るには至らなかった。仁科先生は研究を生物学者に托されたばかりでなく、御自身も放射線生物学の先頭に立たれたが、〝あらゆる生物学の分野の人が胸襟を開いて切瑳琢磨しなければならん〟といわれて、早速毎月曜にコロキウムを開くこととされた。このことからも先生の意気込みがうかがえる。昭和15年2月の第1回にはじまり昭和17年6月まで約40回に及んだが、その最初の日に先生が〝先ず第一にScience itselfで行こう〟といわれたのが印象深い」（『日本物理学会誌 Vol. 45, No. 10』pp. ７４０－７４３、１９９０年、森脇大五郎「理化学研究所における研究の回顧：仁科先生と放射線生物学〈特集〉仁科芳雄生誕百年記念）」）

ここには、先述した『ネイチャー』掲載の論文の他に、放射線がウサギの内臓に傷害を与えることを論じた中泉正德・村地孝一・宮川貞子共著「サイクロトロン室に於ける生物飼育の結果　１．家兎の臓器に現はれる傷害について」（『理化学研究所彙報　第20巻　第2号』pp. 93－１０３、１９４１年）という論文や、放射線である中性子とＸ線が遺伝子突然変異を引き起こすことを論じた仁科芳雄・森脇大五郎共著「猩々蠅に於ける遺傳子突然變異の聚集發現に關する一實驗」（『遺伝学雑誌　第17巻、第4号』pp. １７１－１７４、１９４１年）が紹介されていることが、出典からわかる。それによって、放射線が細胞や遺伝子に及ぼす影響を研究したそれらの論文は、１９４１年12月8日の真珠湾攻撃よりも前に発表されていたこともわかる。

さらにその後も物理学者である仁科氏は、生物学者に対して１９４２年（昭和17年）までコロキウム（シンポジウム）を40回開催し、放射線生物学の研究の重要性を広めることに尽力したことがわかる。

なお、この仁科氏は、第五章で紹介した通り、彼の実験で核兵器の爆発によって生成される生成物（ネプツニウム２３７）が生成されたことを解析した論文が、１９４０年６月15日発行の米国物理学誌『フィジカル・レビュー』に掲載された物理学者である。…①

しかもその仁科氏は、村地氏の証言によれば、「この結果を直ぐボーア先生のところに送られ、日本で初めて物理学者と生物学者とが手をとって仕事を始めることができたと報告された。それに対してボーア先生からは折返し激励の手紙が来た」というほどボーア教授とは密接な関係にある。…②

しかしボーア教授は、第四章で紹介した通り、１９４４年9月18日の英米の「ハイドパーク合意」に「3．ボーア教授の活動と、彼が特にロシア人に情報を漏らさないという信頼に足る保証を得るための策に関して、聞いてみるべきである」と記されている。…③

そんなボーア教授がなぜか、これも第四章で紹介した通り、英国の最高機密であるチューブ・アロイズの理事会の顧問なのである。…④

これら①から④を振り返ると、英米が、世界で初めて核爆発に成功した仁科氏とその恩師であったボーア教授との蜜月関係を利用して、原爆を日本人に使用するよう導いたのではないかと疑いたくなる――英国のチューブ・アロイズの一部として英国領日本での原爆殺傷能力実験があり、その日本側の科学者の窓口がもしかすると仁科氏であり、そうなると英国と仁科氏をつなぐパイプ役がボーア教授であり、英米日の調整役もボーア教授であったかように見えるのである。

もしそうだとするとボーア教授は、チューブ・アロイズのキーパーソンということになる。それはもう、ボーア教授が英国人でも米国人でもないユダヤ系デンマーク人であっただけに、英米にとってはハラハラする人材であったに違いない。

ヒトゲノム計画は被爆者の遺伝子突然変異の研究の延長線上にあった

ヒトゲノム計画は、米国エネルギー省で１９８６年に始まった。

もう一度書くが、米国エネルギー省の仕切りでヒトゲノム計画はスタートしたのである。エネルギーとヒトゲノム、いったいどんな関係があるというのだろうか？

まず、米国エネルギー省は何を前身とする行政機関なのかを説明しよう。米国陸軍のマンハッタン計画が１９４６年12月31日に終了すると、その翌日１９４７年１月１日から米国原子力委員会がそれを引き継いだ。その米国原子力委員会を前身とするのが、エネルギー省である。

でもなぜ、マンハッタン計画→米国原子力委員会→エネルギー省の流れで、ヒトゲノム計画が誕生したのか？

その答えは、米国エネルギー省科学部生物環境科学室のウエブページ「Why was the Department of Energy involved in the Human Genome Project?」（なぜエネルギー省がヒトゲノム計画に関与したのか?）に説明されているので、関係箇所を抄訳する。

「原子爆弾が開発され使用された後、米国議会は、エネルギー省（DOE）の前身の機関である原子力委員会とエネルギー研究開発局に、ゲノムの構造、複製、損傷、修復、そして特に放射線やエネルギー生産の化学的副産物によって引き起こされた遺伝子突然変異の結果を研究することと解析することを任せた。

これらの研究から、放射線やエネルギー生産の化学的副産物の影響を研究する一番の方法は、基準配列を得るために人の全ゲノムを解析することであるという認識が高まっていった。

1986年にエネルギー省（DOE）のヒトゲノム計画が始まり、1987年に米国立衛生研究所（NIH）のプログラムが始まった。当初の5ヶ年共同計画が書かれ両者の了解覚書が締結されると、1990年10月1日に正式に米国のDOE—NIHヒトゲノム計画が開始した」（Office of Biological and Environmental Research, U.S. Department Energy Office of Science『Human Genome Project Information Archive 1990－2003』「Why was the Department of Energy involved in the Human Genome Project?」／傍線と傍点は筆者による）

このヒトゲノム計画とは何か。広島と長崎の被爆者に関係がある傍線部分を抜粋してつなぎ合わせると、「原子爆弾が開発され使用された後、ゲノムの損傷、修復、そして特に放射線やエネルギー生産の化学的副産物によって引き起こされた遺伝子突然変異の結果を研究することと解析すること」である。

つまり、広島と長崎の被爆者の遺伝情報の損傷と修復、そして遺伝子突然変異の結果どうなったかを研究し解析することが、ヒトゲノム計画の始まりだと言っているのである。ということは、被爆者の体や脳や胎児に表れた症例と、遺伝情報の暗号化された配列の中で放射線に破壊された部分との相関関係を調べていけば、人のゲノム（遺伝情報全体）の解読が進むことになるのだろう。すなわち、被爆者に表れた症例が多様なほど、ヒトゲノムの解読に都合がいいということになりそうだ。

まさに、「この爆弾は、人の体、脳、遺伝子を子々孫々にわたって破壊する意図的な殲滅行為でした」と言った、元ＡＢＣＣ米軍軍医ジェームズ・ヤマザキ医師の証言通りではないか。

なにしろ、「１９４６年11月、ハリー・Ｓ・トルーマン大統領は、米国科学アカデミーの米国学術研究会議（ＮＡＳ—ＮＲＣ）が広島と長崎の原爆の生存者の長期調査を始めることを許可する指令を出した」（National Academy of Sciences『Organized Collections』「Atomic Bomb Casualty Commission, 1945 - 1982」）。

続いて1947年1月1日以降、米国議会が、マンハッタン計画を引き継いだ原子力委員会に対して、放射線などによって生じた遺伝子突然変異の結果どうなったかという研究と解析を任せた。

米国が、原爆の放射線の影響で生じた遺伝子突然変異等の研究に着手した時期は、決して早くはなかった。ではいったい誰が、日本人の遺伝子を子々孫々にわたって破壊することを意図したのか、大いなる疑問だ。

元ＡＢＣＣ米軍医「日本自ら原爆の致死効果を調査した内容は革命的な軍事的発見」

終戦前の原爆爆発直後から、大日本帝国は、広島と長崎の原爆が新兵器としてどれだけの範囲にいる人を殺すことができるかを自ら調査していた。

連合軍に占領されて以降は、随時その調査情報を米国に提出していた。しかもその情報は、革命的な軍事的発見であったと、元ＡＢＣＣ（原爆傷害調査委員会）の米軍軍医は証言している。その証言をしたのは、原爆の目的をカリフォルニア大学のウエブページに掲載した、前述のジェームズ・ヤマザキ医師である。

そうした大日本帝国が自ら行った調査については、２０１０年８月６日に『ＮＨＫスペシャル　封印された原爆報告書』（ＤＶＤ『ＮＨＫスペシャル　封印された原爆報告書』ＮＨＫエンタープライズ、２０１１年）で報道された。そこで、その動画から、日本語音声は一部文字起こしし、映像化された英語の資料は活字化して和訳する。中でも元ＡＢＣＣ米軍軍医の肉声での証言は、ＮＨＫの日本語字幕と少々異なるため、英語に文字起こしした上で和訳し、ＮＨＫの日本語字幕も引用しておく。

①日本語音声からの文字起こし：NHKナレーター
「原爆投下直後、軍部によって始められた調査は、終戦とともにその規模を一気に拡大します。国の大号令で、全国の大学などから1300人を超す医師や科学者たちが集まりました。調査は巨大な国家プロジェクトとなったのです」

②日本語音声からの文字起こし：NHKナレーター
「陸軍が最初に行った調査の報告書も、すべて英語に翻訳されてオーターソン大佐に渡されていました」（※注釈：オーターソン大佐はマッカーサーの主治医）
②映像化された英語の資料の活字化
「Medical Report of The Atomic Bombing in Hiroshima Army Medical College The First Tokyo Army Hospital Nov. 30 1945」
②映像化された英語の資料の和訳
「『広島原爆の医学報告書』陸軍軍医学校、臨時東京第一陸軍病院、1945年11月30日付け」

③日本語音声からの文字起こし：NHKナレーター

「報告書番号14。都築教授と陸軍とが共同で作成したこの報告書の中に、当時アメリカが最も必要としていたデータがありました。原爆がどれだけの範囲にいる人を殺すことができるか、調べた記録です。対象となったのは、広島市内で被爆した1万7000人の子どもたちでした。どこで何人死亡したのか、70ヶ所で調べたデータが記されています。爆心地から1・3キロにいた子どもたちは132人中50人が死亡。0・8キロでは560人全員が死亡しています。8月6日の朝、広島市内の各地に、大勢の子どもたちが、学徒動員の作業に駆り出されていました。同じ場所で、まとまって作業をしていた子どもたちが、原爆の殺傷能力を確かめるためのサンプルとされたのです」

④日本語音声からの文字起こし：NHKナレーター

「ワシントン郊外にあるアメリカ陸軍病理学研究所。日本からのデータは、すべてここに集められました。オーターソン大佐は、調査の結果を、『原爆の医学的効果』と題する6冊の論文にまとめていました」

⑤英語音声からの文字起こし：元ＡＢＣＣ米軍軍医の証言

「It is a revolutionary military finding that one weapon in one instant could have such a lethal effect. It's so, it's so real. It's an extremely important military information. This whole six mine is a reflection of that association of that the Japanese doctors provided information to the Joint Committee.」

⑤英語音声からの和訳：元ＡＢＣＣ米軍軍医の証言

「一つの武器が一瞬にしてそのような致死効果を持つことができたということは、革命的な軍事的発見です。それはもう、それはもうほんとうに。極めて重要な軍事情報です。この6つの宝庫*のすべては、日本の医師団が合同委員会*に情報を提供してくれたその連携の投影です」

※注釈：6つの宝庫とは、オーターソン大佐らがまとめた6巻の論文『原爆の医学的効果』、原題『Medical Effects Of Atomic Bombs The Report Of The Joint Commission For The Investigation Of The Effects Of The Atomic Bomb In Japan』（拙訳：原爆の医学的効果　日本における原子爆弾の効果の調査のための米国陸海軍合同委員会の報告書）を指す。

※注釈：合同委員会（the Joint Committee）は、１９４６年8月2日に設置された米国上下両院による合同原子力委員会（JCAE: The Joint Committee on Atomic Energy）を指すのか、ある

いは、日本における原子爆弾の効果の調査のための米国陸海軍合同委員会（The Joint Commission For The Investigation Of The Effects Of The Atomic Bomb In Japan）の誤りなのかは不明。

⑤ＮＨＫの日本語字幕：元ＡＢＣＣ米軍軍医の証言

「革命的な発見でした。原爆の驚異的な殺傷能力を確認できたのですから。アメリカにとって極めて重要な軍事情報でした。まさに日本人の協力の〝賜物〟です。貴重な情報を提供してくれたのですから」

①―⑤をまとめてみよう。

まず、大日本帝国は、原爆爆発直後から広島で何をしたのか？

「国の大号令で、全国の大学などから１３００人を超す医師や科学者たちが集まり」

「広島市内で被爆した１万７０００人の子どもたち」が「どこで何人死亡したのか、70ヶ所で調べ」

「子どもたちが、原爆の殺傷能力を確かめるためのサンプルとされた」

「一つの武器が一瞬にしてそのような致死効果を持つことができたということは、革命的な軍事的発見」

――革命的な軍事的発見をした。

大日本帝国は自国の革命的な軍事的発見を、どうしたか？

「『広島原爆の医学報告書』陸軍軍医学校、臨時東京第一陸軍病院、1945年11月30日付け」

「陸軍が最初に行った調査の報告書も、すべて英語に翻訳されてオーターソン大佐に渡された」

「オーターソン大佐は、調査の結果を、『原爆の医学的効果』と題する6冊の論文にまとめ」

「日本の医師団が合同委員会に情報を提供してくれた」

――英訳して米国側に渡した。

つまり大日本帝国は、米国トルーマン大統領が1946年11月に出した指令でABCC（原爆傷害調査委員会）が1947年3月に正式に設立する前から、自国の革命的な軍事的発見を、米国に渡していたのである。

これではまるで、日本の大発見アピールが効いて、米国が重い腰を上げたような感じではないか。

原爆の革命的な軍事的発見が米軍側に認められたという流れでいけば、全く新規の兵器・原爆の発明も、米国で特許化されそうなものだ。

新兵器の致死効果を証明した日本の原爆データは、知的財産として、評価されたのだろうか。

２００８年の米国公共ラジオ「原爆特許は未だ機密」

原爆特許は存在する。

人類に地獄の痛みと苦しみを長期にわたって味わわせ、子々孫々に至るまでその苦しみを連鎖させる新兵器、原子爆弾。

米国はそれを特許化していた。

『The Rush to Patent the Atomic Bomb』（原爆の特許取得ラッシュ）という見出しで２００８年3月28日の米国公共ラジオで放送された内容が、同ラジオのウエブページに掲載されている。

しかも、２００８年現在、「The patent for the bomb is still secret.」（その爆弾の特許はまだ機密である）というのだ。

つまり、原爆の特許所有者も、その出願した特許の内容も、特許だというのに公開されないのである。

ということは、次のこともありうるではないか。

日本の東京帝大と理研が世界初の核爆発の証拠となる生成物のネプツニウム237を生成したことを米国の物理学誌に発表し、続いて核爆発の兵器としての致死効果を世界で初めて日本が実証し、日本の何者かが原爆の特許権を所有していたとしても、秘密は固く守られて公表されないということになるわけだ。

この報道のネタ元は、2008年当時ハーバード大学の大学院生として科学史を専攻していたアレックス・ウェラースタイン（Alex Wellerstein）氏の研究であった。彼は2020年現在、スティーブンス工科大学科学技術研究の准教授である。

この記事の中で彼は、原爆の創作に係る工学技術について、大変興味深い形容をしているので、和訳しておこう。

「『原爆特許について私が本当に気に入っていることは、その特許には驚くべき陳腐さがあるということです。あなたはそれを特許弁護士の目を通してより正確に理解する』と彼は言う。大量殺人マシンであるその爆弾は、彼が言うように『最もつまらない工学のお手柄』に一変する。

いろいろと考慮して彼が言える範囲では、これらの特許は、基本的に歴史上何の影響もなかった。原爆特許はウェラースタインの論文でいうと、ちょうど1、2ページにしか値しないと彼は思っている」(National Public Radio "The Rush to Patent the Atomic Bomb", broadcast on 28 March, 2008)

原爆は「驚くべき陳腐さ」で「最もつまらない工学」であり「歴史上何の影響もなかった」とは、いったいどういう意味なのか。まるで原子爆弾が低次元の工学技術だと言っているようではないか。

しかし、多くの人の目からは、広く流布されている原子爆弾が、当時の最先端の科学技術を駆使した革命的な発明のように見えるだろう。ところが、原爆特許を研究したウェラースタイン准教授は、広く流布されている原子爆弾の技術上の創作を、「基本的に歴史上何の影響もなかった」と全否定しているのである。では、原子爆弾の特許とはいったいどんなものなのか。

第七章でシミュレーションした広島と長崎の原爆の技術上の創作は、核爆発で自爆したことを投下されたように見せたトリックでしかなく、敵の領土を空襲できる技術上の創作ではなかった。そもそも核爆発の方法は、核爆発で生成されるネプツニウム237を生成した日本の実験が、すでに1940年の物理学誌に掲載されているのである。この2点を照らし合わせると、広島と長崎の原爆は、ウェラースタイン准教授の評価通り、「基本的に歴史上何の影響もなかった」ということになるだろう。

1946年9月までに日本が米国に提出した原爆の効果の調査報告書

英語で書かれた戦後日本の公文書：原爆の効果の調査報告書

日本の政府組織の公文書でありながら、日本語訳のない英語の文書が、米国科学アカデミーのウエブサイトで公開されている。そのタイトルは、「The Investigation of the Effects of the Atomic Bomb by the National Research Council in Japan」（日本の学術研究会議による原子爆弾の効果の調査）。

この日本の公文書がどういう位置付けで同サイトに公開されているのかというと、『Atomic Bomb Casualty Commission General Report 1947』（原爆傷害調査委員会　総合報告書1947）に編纂された『Appendix No. 2 Japanese Material Organization for Study of Atomic Bomb Casualties Monthly Progress Reports』（付録2　日本の資料　原爆死傷者研究機構月次経過報告書）の最初のページである13ページに位置する。ただし、この付録2は13ページから31ページにわたる全ページが日本の公文書でもあり、18ページが抜けている。

その13ページには、日本の学術研究会議がどんな組織であって、原子爆弾のどんな効果を調査したのかがわかる分科会のリストがある。次にその関係箇所を抄訳する。

p.13

「日本の学術研究会議による原子爆弾の効果の調査

I．その研究の説明

学術研究会議は、日本の科学調査のための政府組織である。原子爆弾の効果の調査のための特別委員会は、1945年9月に設立された。学術研究会議会長〈氏名略〉は、この特別委員会も担当している。この特別委員会は9つの分科会から成る：

1．物理学・化学・地理学部会、部会長、東京帝国大学教授〈氏名略〉
2．生物学部会、部会長、東京帝国大学教授〈氏名略〉
3．工学・金属学部会、部会長、東京帝国大学教授〈氏名略〉
4．電気通信学部会、部会長、東京帝国大学教授〈氏名略〉
5．土木工学・建築学部会、部会長、東京帝国大学教授〈氏名略〉
6．医学部会、部会長、東京帝国大学教授〈氏名略〉
7．農学・水産学部会、部会長、東京帝国大学教授〈氏名略〉

8．林学部会、部会長、東京帝国大学教授〈氏名略〉
9．獣医学・畜産学部会、部会長、東京帝国大学教授〈氏名略〉
我国の多くの科学者は、広島と長崎での爆破当時から研究している。特別委員会が設立されたとき、彼らのほとんどがそれぞれの部会に合流した。〈以下略〉」（National Academy of Sciences『Atomic Bomb Casualty Commission General Report 1947』「Appendix No. 2 Japanese Material Organization for Study of Atomic Bomb Casualties Monthly Progress Reports」より抄訳／括弧〈　〉内は筆者による）

http://www.nasonline.org/about-nas/history/archives/collections/organized-collections/atomic-bomb-casualty-commission-series/abccrpt_pt3app2.pdf

14ページには医学部会の研究が書かれている。その説明によれば、医学部会は特別委員会の中でも最大であり、同委員会フェロー30名、調査員150名、助手1000名で構成されている。また、米国の委員会（the American Commission）と密接な関係をもって1945年12月末までに80件の調査レポートを完成し、米国側に渡した。

さらに14ページから15ページにまたがって、医学部会の研究リポートがリストアップされている。それらは、東京帝国大学医学部で開催された原子爆弾研究会議で特別委員会のメンバーが読んだレポートである。そのタイトルから、原子爆弾の人を殺傷する具体的な効果がわかる。次にその論文のタイトルのみを抄訳し、論文の筆者の氏名は略す。なお、論文の筆者はすべて日本人名である。

「第1回会議、1945年12月19日
pp.14－15

1. 広島のいくつかの頑丈な建物における人体の損傷の調査
2. 原爆症例の病理解剖学
3. 原爆患者の血液学的研究
4. 爆発後3ヶ月と4ヶ月における長崎の原爆患者の末梢血中の好酸球細胞の増加と消失
5. 長崎の原爆患者の胃
6. 原爆患者の悪液質の状態
7. 原爆患者の治療経験
8. 原爆による火傷の瘢痕組織に関する臨床的病理学的研究
9. 広島の原爆患者の精子

10. 原爆が女性の性機能に及ぼす影響

11. 原爆による眼の損傷の臨床例

12. 原爆による鼓膜の破裂

第2回会議、1946年1月23日

1. 長崎の原爆患者の地形分布

2. 広島の原爆患者の発熱

3. 広島の原爆患者の栄養状態の調査

4. 原爆による負傷と肺結核

5. 広島の原爆患者の毛細血管抵抗

6. 原爆患者の肝機能と毛細血管機能の障害

7. 原爆症例の脳に関する研究

8. 広島の原爆患者の口腔と「ザンブリーニとワタナベの唾液反応」の研究

9. 原爆の医学的影響に関する調査の流れの評論

第3回会議、1946年2月16日

1. 原爆による死亡率の確率論的研究
2. 放射線生物学の観点から観察した原爆症
3. 原子爆弾による火傷

第４回会議は１９４６年3月2日開催予定、そこで読まれる予定の論文は次の通り

1. 避難所と負傷
2. 爆発の爆心地から２００メートルに位置する建物にいた人の被害
3. 原爆による火傷患者の統計的研究
4. ２ヶ月目を過ぎて表れてきた原爆患者の症状と血液像
5. ３ヶ月目と４ヶ月目の原爆患者の血液像に関する統計学上の研究
6. 原爆の傷害に対抗する防護と救助の案」

これらのレポートのタイトルから、昭和20年度の医学部会は、原子爆弾が人を殺傷する具体的な効果を調べることに特化していたことがわかる。遺伝に関する研究がなされた可能性は、「放射線生物学の観点から観察した原爆症」の１件しかタイトルから推察できない。

一方、16ページには、昭和21年度（１９４６年4月〜１９４７年3月）の医学部会の５つの調査テーマの一つに、「遺伝性の研究」がある。その５つの調査テーマは、１．統計研究、2．臨床試験、3．病理解剖研究、4．残留放射能の研究、5．遺伝性の研究、である。

ちなみに、米国議会が、原子力委員会に、被爆者に生じた遺伝子突然変異の結果を研究し解析することを任せた時期は、原子力委員会がマンハッタン計画を引き継いだ１９４７年1月1日以降のことである。それはおそらく、原子爆弾の効果の調査をしていた日本の学術研究会議特別委員会医学部会が「遺伝性の研究」を始めた後ということになる。

17ページは、１９４６年4月1日付けで、学術研究会議特別委員会医学部門が米国側に提出した月次報告書。

18ページは、欠損。

19ページは、１９４６年5月1日付けで、学術研究会議特別委員会医学部門が米国側に提出した月次報告書。

20ページは、１９４６年6月1日付けで、学術研究会議特別委員会医学部門が米国側に提出した月次報告書。

21ページは、１９４６年6月25日付け、「日本における原子爆弾の効果の調査のための米国陸海軍合同委員会」（The Joint Commission For The Investigation Of The Effects Of The Atomic

Bomb In Japan）に宛てた通信文。

22−29ページは、１９４６年7月15日付け、東京帝国大学の婦人科による「女性生殖器の機能に及ぼす原子爆弾の影響」。

30−31ページは、１９４６年9月1日付けで、学術研究会議特別委員会医学部門が米国側に提出した月次報告書。その中には、10月にスタッフミーティングを開催してレポートについて再度徹底討論し、その後、最終公式報告書を作成する予定であることが書かれている。

これらの活動から、日本の政府機関であった学術研究会議特別委員会の医学部会が、被爆者をほとんど治療もせず、ただどのように人体や脳や遺伝子が破壊されていくのか、また、どういう条件下で自然に治癒していくのかを観察し続け、原爆には他の爆弾にはない特殊な殺傷効果が多数あることを必死に証明しようとしていたことが伝わってくる。

日本の原爆の効果の調査報告書は、原爆特許の仮出願？

既知の歴史の通り敵国が原爆を投下したのならば、被爆者の治療に尽力したはずではないのか、あるいは被爆者の治療法を開発しようと尽力したはずではないのか。

しかし、そうした取り組みは全く見当たらない。日本の学術研究会議の取り組みは、まるで、新兵器の発明者がその発明の新規性を証明しようとした取り組みのようではないか。なぜなら、１９４５年9月に発足した日本の学術研究会議特別委員会は、同年12月末までに医学部会だけで80件の調査レポートを米国側に提出している。そのことは14ページに記されている。

この提出した行為は、原爆が日本による特攻であった可能性を踏まえると、現在の米国の特許出願の手続きならば、仮出願（Provisional Application）に相当するのである。仮出願の制度は、後に正式に出願した日に先行して、仮出願日を正式な出願日とみなしてもらうことができるというもの。

さらに、１９４６年の「10月にスタッフミーティングを開催してレポートについて再度徹底討論し、その後、最終公式報告書を作成する」というフレーズは、米国への正式な特許出願であったかのように見える。現在の米国の特許出願に必要な書類は、日本と同様に、願書、要約と特許請求を含む明細書、図面の他に、宣誓書、委任状等が必要である。

しかも、特許出願の明細書に記載する実験データは、多いほど特許権の範囲を広げることができるし、また実施例が複数あれば進歩性を主張しやすいことが知られている。原爆爆発後の日本の学術研究会議特別委員会の研究成果は、まさに、原爆の実験データの多さを示していると言えるだろう。また、広島でウラン原爆を爆破させ、長崎でプルトニウム原爆を爆破させたのであれば、実施例は少なくとも二つあり、さらに戦艦大和の海上特攻がウラン235の核実験であったならば実施例は3つになる。

しかし、既知の歴史通り米国が原爆を発明してそれを実施したのならば、当然、日本の知的財産権とは無縁である。その上で、日本が自ら原爆の殺傷効果を調査し、その報告書を米国に進呈したのであれば、医学部会の場合はすでに1946年9月までに提出した多数のレポートで十分なはずである。

もしも仮に、その日本が調査したデータを米国側が都合のいいように流用して特許権の範囲を広げたのであれば、それは米国の国家機密であり、米国科学アカデミーがウエブ公開したりしないはずだ。

日本の学術研究会議　特別委員会　医学部会の最終公式報告書は、米国への正式な特許出願の明細書の一部だったと考えると、辻褄が合う。

また、物理学・化学・地理学部会や工学金属学部会他がどんなレポートをどれくらいの数、米国側に提出したのかが公開されていないことや、この一連の公文書の和訳を日本政府が公開していないことは、非常に不可解である。

原爆特許出願：１９４６年12月31日までマンハッタン計画が受け付けた

原爆の特許出願は、１９４６年12月31日まで、マンハッタン計画が受け付けていた。ウェラースタイン准教授の論文『Patenting the Bomb: Nuclear Weapons, Intellectual Property, and Technological Control』（爆弾の特許取得：核兵器、知的財産、技術管理）にそう説明されている。

ただし、世界で初めて日本が核爆発に成功した方法を記した客観的な記録は、すでに１９４０年６月15日発行の米国物理学誌『フィジカル・レビュー』に発表された査読済みの論文がある。それは、第五章で説明した通り、核兵器の爆発で生成されることが知られているネプツニウム２３７を生成した、東京帝国大学と理化学研究所の共同研究論文のことである。

さらに、その核爆発を軍事応用した新兵器（原子爆弾）の特許出願には、当然、兵器としての実験データが必要であることは自明である。

その新兵器の何がどうなって、どれくらいの範囲の人をどれくらいの時間をかけて殺すことができるのか、あるいはどんなダメージを与えることができるのか、そうした新兵器としての今までにない殺傷効果を説明する実験データである。しかもその実施例は複数あった方が進歩性を主張できる。

そうした新兵器「原子爆弾」の生産技術を、米国が特許化した経緯を、ウェラースタイン准教授の論文『Patenting the Bomb: Nuclear Weapons, Intellectual Property, and Technological Control』（爆弾の特許取得：核兵器、知的財産、技術管理）で見てみよう。次に、関係箇所を和訳する。

「マンハッタン計画の理事たちにとって特許は、彼らが初めからこの新技術の制御には救済と黙示両面の雰囲気があると考えていた通り、戦後はそのいずれかに対する両賭けの便利な方法になった。

マンハッタン計画の権限が原子力委員会に移管した1947年1月1日までに、8500以上の技術報告書が特許担当官によって審査された。採掘されたままの原鉱から原爆に至る493の異なる種類の実験材料において、6300以上の技術記録と5600の異なる発明が、原爆特許計画の担当官であったロバート・A・ラベンダー米国海軍大佐の事務所で整理された。その結果、約2100の個別の特許出願が認められ、その内１２５０がその時点で実際に米国特許庁に出願されていた。〈中略〉主要な発明だけでなく、多数の新規産業全体の技術内容に関する特許を取得するための意図的な、かつ成功した試みだった」（The University of Chicago Press『Isis：A Journal of the History of Science Society Vol. 99 No. 1』pp.58-87, March 2008, Alex Wellerstein,「Patenting the Bomb: Nuclear Weapons, Intellectual Property, and Technological Control」p. 58, p. 78）（シカゴ大学出版『イシス：科学史学会紀要　第99巻第1号』２００８年3月、アレックス・ウェラースタイン「爆弾の特許取得：核兵器、知的財産、技術管理」）

この論文から、原子爆弾に関係する数多の発明が特許化されていたことがわかる。おそらくそこには原子力発電につながる発明や、ゲノム解析につながる発明も含まれるのだろう。

しかし、原子爆弾の実際の殺傷効果を調査しデータ化し、米国側に渡したのが日本の政府機関の学術研究会議であったことは、まぎれもない事実である。

しかも、原子爆弾の重さは、第六章で詳述した通りB29では運べない重さであった。このことから、原子爆弾は特攻でしか実現し得なかったことが想像できる。

それは、第三章で紹介したマッカーサーの言葉通り、原子爆弾は、「現代文明の自殺の手段になってしまった」という一見意味不明なフレーズと見事に一致してしまうのである。

こうした新事実に鑑みると、広島（ウラン238）と長崎（プルトニウム239）の原爆、また戦艦大和の海上特攻（ウラン235）などを実施例とした原爆特許があるとしたら、その特許権は日本の発明者が持っていることになる。

ところが、実相はそうシンプルではなさそうだ。大日本帝国が敗戦国になったという戦後の特殊な事情を留意しなければならない。

それは、第二次世界大戦の終了と平和を約束し、日本の領土の割譲や賠償金や日本国民の処遇を定めた英米製*のサンフランシスコ講和条約（Treaty of Peace with Japan）のことである。この条約は1951年9月8日に署名され1952年4月28日に発効したが、この日をもって英国は、英国領日本が独立国であったかのように偽装することに成功している。

＊日本外務省ウエブページ「日本外交文書　サンフランシスコ平和条約　対米交渉」

その条約には、例えば日本人が所有する特許権がどう扱われるかわかる条文がある。第五章第十四条（a）2（Ⅰ）に「次の（Ⅱ）の規定を留保して、各連合国は、次に掲げるもののすべての財産、権利及び利益でこの条約の最初の効力発生の時にその管轄の下にあるものを差し押え、留置し、清算し、その他何らかの方法で処分する権利を有する」とあり、次に掲げるものに「日本国及び日本国民」の記載があり、また、留保すべき（Ⅱ）の規定に特許権は含まれない。

つまり、1952年4月28日よりも前に、日本国民が原爆特許権を所有していたとしても、その特許権は連合国に奪われてしまうこともありえたわけだ。

しかしどうだろう？　特許権は譲渡可能な財産である。仮に、日本国民である発明者たちが、原爆特許権を日本国民ではない英国陸軍元帥の昭和天皇に譲渡してあったとしたら。原爆の特許権は、日本国の象徴が所有者ということになり、特許権が日本から離れない状況を作り出すことができるのではないだろうか。

ただし、残念なことに、原爆の特許所有者が天皇であるか否かは、米国が管轄する原爆特許が未だ秘密である以上、確かめることはできない。

また、マンハッタン計画の原爆特許計画担当官の人事には、広島と長崎の原爆が水上爆発であったことを裏付けるような人選があったように思われる。

そもそもマンハッタン計画は米国陸軍のマンハッタン管区が管理したプロジェクトである。しかし、原爆特許計画担当官には米国海軍大佐が任命されていたのだ。

その任命されたラベンダー海軍大佐は、偶然にも、第七章でシミュレーションした日本海軍の原爆の爆発方法が実施可能かどうか審査できる、ごく限られた人材だと考えられるのである。

具体的に説明すると、宇宙線（高速中性子）を水で遮蔽して早期爆発を回避するといった日本海軍の特攻兵器「原爆」が本当に実施可能かどうか審査できる人材は、水路、軍艦、兵器と水の関係、これらを総合的に熟知した人材でなければならないはずだからである。そんな米国人は、科学者の中にいるはずがなく、米国海軍の優秀な軍人の他にいないわけだ。

したがって、そういう特殊な知識と経験を持つ人材が米国陸軍のマンハッタン計画の原爆特許計画担当官に任命されたということは、その特殊な知識と経験が原爆特許の審査に必要だったことを意味するのではないだろうか。

原爆の目的

原爆の目的はいったいなんだったのか。

さまざまな利益につながる可能性が見えてくると、その目的も、関係者毎に異なっていたのではないかと思えてくる。

遺伝子の秘密を知りたい科学者たちにとって、あるいは日本人を殲滅したいほどの恨みを持っている人々にとって原爆の目的は、日本人の遺伝子を子々孫々にわたって破壊することだったのかもしれない。

核分裂連鎖反応を制御すれば莫大なエネルギーを生み出すことを知っていた科学者たちにとって、原爆の目的は、核分裂連鎖反応を制御しない原爆特許技術を特許出願の関連技術に据えた上で、その制御に係る特許権を所有して、特許権使用料収入を得ることだったのかもしれない。いわゆる原子力エネルギーの平和利用という分野の発明である。

また、原爆を日本住人に使用した日本人科学者や責任者の罪を肩代わりした米国の目的は、世界最強の武器を発明した国として核の脅威で世界を支配し、また同時に原爆を秘密特許化して原子力産業で儲けることだったのかもしれない。

英国が英国領日本の日本人に対して原爆の使用を望んだ目的は、日本在住の英国陸軍元帥に原爆特許権を所有させて原子力産業で儲け、また同時に、核の脅威で世界を支配することだったのかもしれない。

エピローグ

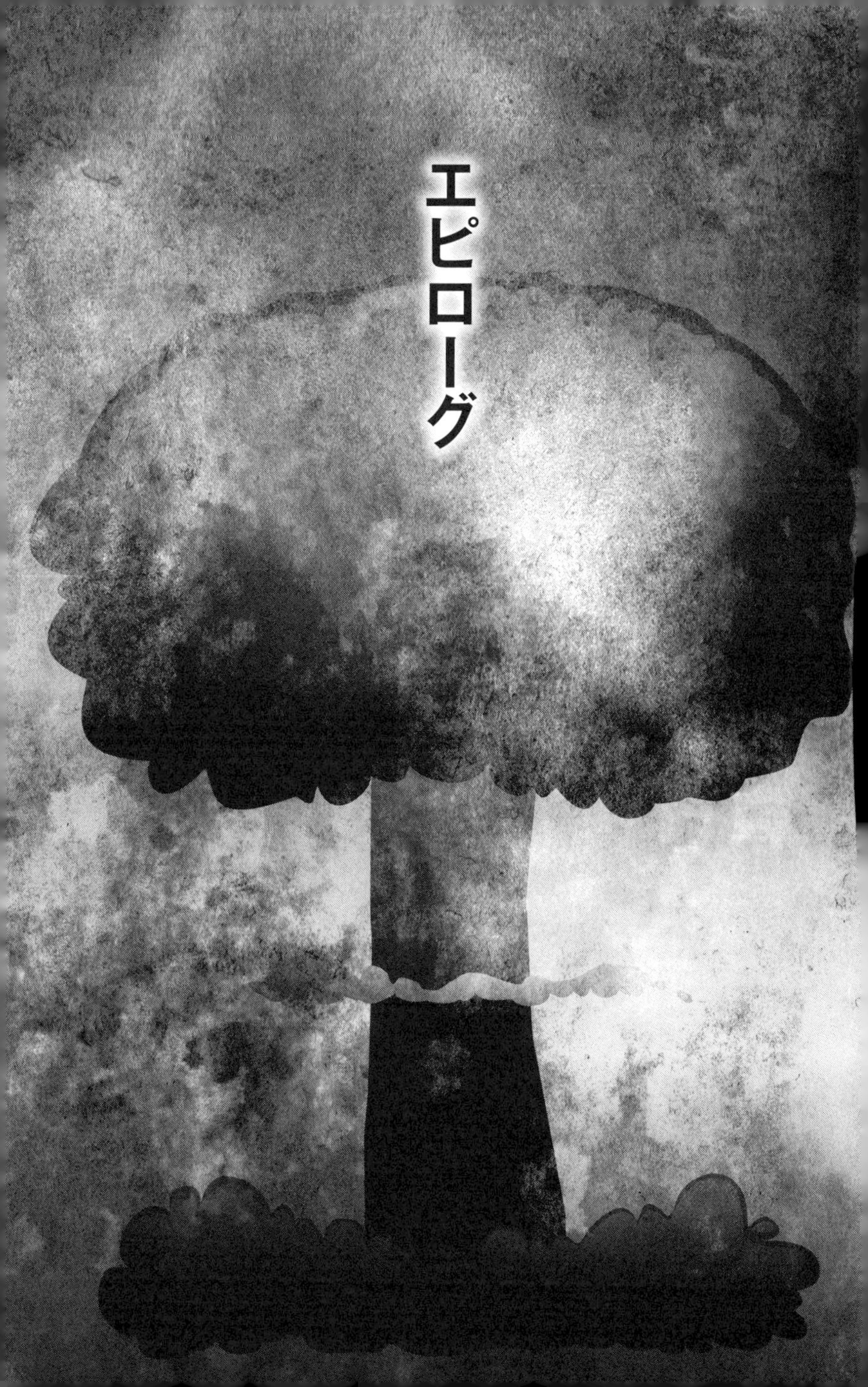

英米が、英国領日本での原爆使用を望んだ理由は何だったのか。それは、日本が世界初の核爆発に成功した優秀な科学者揃いの英国領であり、そして英国からも米国からも遠く離れた島であり、また臣民が国や天皇のために命を捧げることを勇敢で晴れがましいと信じていたことなどが、その理由として考えられる。

つまり、ウラン爆発の軍事応用の効果を知りたかった英国にとって好都合な条件が揃っていた植民地が、日本だったのだろう。そして米国は、その大罪を、戦勝者としての功績にすり替えることで肩代わりした。

第二次世界大戦最大の目的は、核の脅威の下に世界中がひれ伏す新しい戦後世界の秩序、新世界秩序を実現することだったのではないだろうか。

では、英国領日本は、第二次世界大戦でいったい何をさせられたのか。

そのことは、1919年に英国領日本の駐米大使を務め、1924年から1927年と1929年から1931年に英国領日本の外務大臣を務め、1945年10月9日から1946年5月22日に英国領日本の内閣総理大臣を務めた幣原喜重郎氏が残した証言が、説明しているのかもしれない。

「世界平和を可能にする姿は、何らかの国際機関がやがて世界同盟とでも言うべきものに発展し、その同盟が国際的に統一された武力を所有して世界警察としての行為を行う外ない。このことは理論的に昔から分かっていたことであるが、今まではやれなかった。しかし原子爆弾というものが出現した以上、いよいよこの理論を現実に移す秋が来たと僕は信じた訳だ」

「恐らく世界にはもう大戦争はあるまい。勿論、戦争の危険は今後むしろ増大すると思われるが、原子爆弾という異常に発達した武器が、戦争そのものを抑制するからである」

「原子爆弾という武力は悪魔である。日本人はその悪魔を投げ捨てることに依て再び神の民族になるのだ」（平野三郎筆記『幣原先生から聴取した戦争放棄条項等の生まれた事情について』1964年2月、憲法調査会事務局）

つまり英国領日本は、新世界秩序の核の脅威にひれ伏した見本を、自爆によって実際に演じさせられたことになる。要するにトリックだ。

しかし、新世界秩序実現のための原爆トリックが第二次世界大戦最大の目的であったとしたら、英米にも大勢の死傷者や多大な損害が出たのはなぜか。

その理由は、第二次世界大戦によって特定の人々に利益が集中する仕組みがあったことを考えるとわかりやすいかもしれない。

例えば、まず第一に、各国の軍需産業に属する企業の経営陣やその株主たちの収益が第二次世界大戦で伸びたことは想像に難くないだろう。

また例えば、第二次世界大戦は、英国君主が統治に手を焼いていた領土で鉱業権を獲得するのに便利だった可能性もある。

そのカラクリは、英国官報の『ロンドン・ガゼット』が、明治以降も「英国女王陛下は日本の帝《ミカド》の領土において権能（power）と管轄権（jurisdiction）を有していた、そして今も有している」（『The London Gazette』1874年8月11日発行、発行番号24121、ページ番号3912）と報じていることがヒントになる。

つまり、日本の帝が拡大した領土も、開発した鉱山の鉱物も、英国君主が所有権を有することになると読むことができるのである。

なにしろ明治38年に施行された鉱業法の第三条には「未タ掘採セサル鑛物（廢鑛及鑛滓ヲ

含ム）ハ國ノ所有トス」（『法令全書．明治38年』内閣官報局、「鑛業法　明治38年3月8日法律第45号」）とあり、その鉱業法が施行されて以降に採掘された内外の天皇の領土の鉱物は、国（英国領日本）の所有なのである。

英国が統治に手を焼いていた領土を英国領日本の皇軍が占領して、試掘し放題、鉱害垂れ流し放題で鉱業権を取得できたら、英国君主にとってとても都合がいいはずである。

中国の場合を見てみよう。序で説明した通り、英国官報は大清皇帝の領土である大清帝国（China）も英国領であったことを報じているが、次の中華民国（China）の大総統である袁世凱がその関係を引き継いだか否かは定かではない。

しかし、英国領日本の皇軍が中国で鉱山を開発して回ったことは、第五章で抄訳した通りであり、英国領日本が中国で鉱業権を行使したことを意味する。即ちその鉱業権は英国君主の権利であった可能性がある。

このように第二次世界大戦は、特定の人々に利益が集中する仕組みを内包しつつ、最大の目的である原爆トリックへと向かう。

しかしそのためには、大日本帝国の皇軍が連合国に対して悪行の限りを尽くしてくれた方が、英米にとって都合がいいはずだ。なぜなら、人類史上最強の悪魔「原爆」を米国が投下して、こらしめたことにするための、大義が必要だからである。

英国領日本は第二次世界大戦で何をさせられたのか。

それを説明するのにわかりやすいたとえがあった。暴れまわる青鬼をこらしめたことで赤鬼が村の英雄になる昭和の名作、『泣いた赤鬼』（浜田廣介）である。

戦後世界で英米が、核の脅威による新世界秩序を実現し、世界の多数の国々から頼られる立場を築くために、英国領日本は青鬼にさせられた。あるいは率先して青鬼になったのかもしれない。

しかし、原爆トリックによって成し得た新世界秩序も、核開発をする国が何ヶ国も現れてほころびが拡大し、さらには2021年1月22日に発効した「核兵器禁止条約」によって核の脅威という概念が国連で否定されて完全に崩壊した。

それでもなお、核被害はとどまるところを知らない。放射線によって子々孫々にわたって遺伝子が破壊された被害者は、広島と長崎に限られたわけではなく、数多の核実験や原発事故の被曝者たち、そしてその婚姻によって世界中で拡大していく。放射線の遺伝子への影響については、原爆による放射線被曝の例を、元ABCC（原爆傷害調査委員会）長崎研究所主任医師であったジェームズ・ヤマザキ博士（カリフォルニア大学ロサンゼルス校小児科名誉教授）らが立ち上げたプロジェクト「原爆の子どもたち」（Children of the Atomic Bomb）

のウエブサイトが、次のように語っている。

「放射線の主な遅発性の影響は、特に成人と比較して幼児期に被曝した人々の癌の発症や、原爆に被曝した母親から生まれた胎児の脳の損傷、また、被爆者の親から生まれた子どもたちへの遺伝的影響に、関係している。〈中略〉２００８年、被爆者とその子孫に行った研究は、決定的なＤＮＡの突然変異と奇形を明らかにしている。これらの研究は、ＤＮＡ損傷を検出するために新たなモダリティを使用している。被爆者の子どもたちは、原爆による遺伝子損傷がどのように彼らの子どもたちに代々遺伝していくのか、懸念される」（カリフォルニア大学ウエブサイト『UCLA Asian American Studies Center』「Children of the Atomic Bomb」より抄訳／括弧〈 〉内は筆者による。 http://www.aasc.ucla.edu/cab/index.html ）

原爆、それは、一般市民に対してなされた謀殺、絶滅を目的とした大量殺人、非人道的行為であった。それを、人道に対する罪という。「戦争犯罪及び人道に対する罪に対する時効不適用に関する条約」＊（Convention on the Non-Applicability of Statutory Limitations to War Crimes and Crimes Against Humanity）が１９６８年11月26日に第23回国際連合総会で採択され、１９７０年11月11日に発効している。

＊国際連合ウエブサイト『Convention on the Non-Applicability of Statutory Limitations to War

Crimes and Crimes Against Humanity』 https://www.un.org/en/genocideprevention/documents/atrocity-crimes/Doc.27_convention%20statutory%20limitations%20warcrimes.pdf

日本も英米もこの条約の締約国ではないが、英国領日本で行われた人道に対する罪に、時効はない。

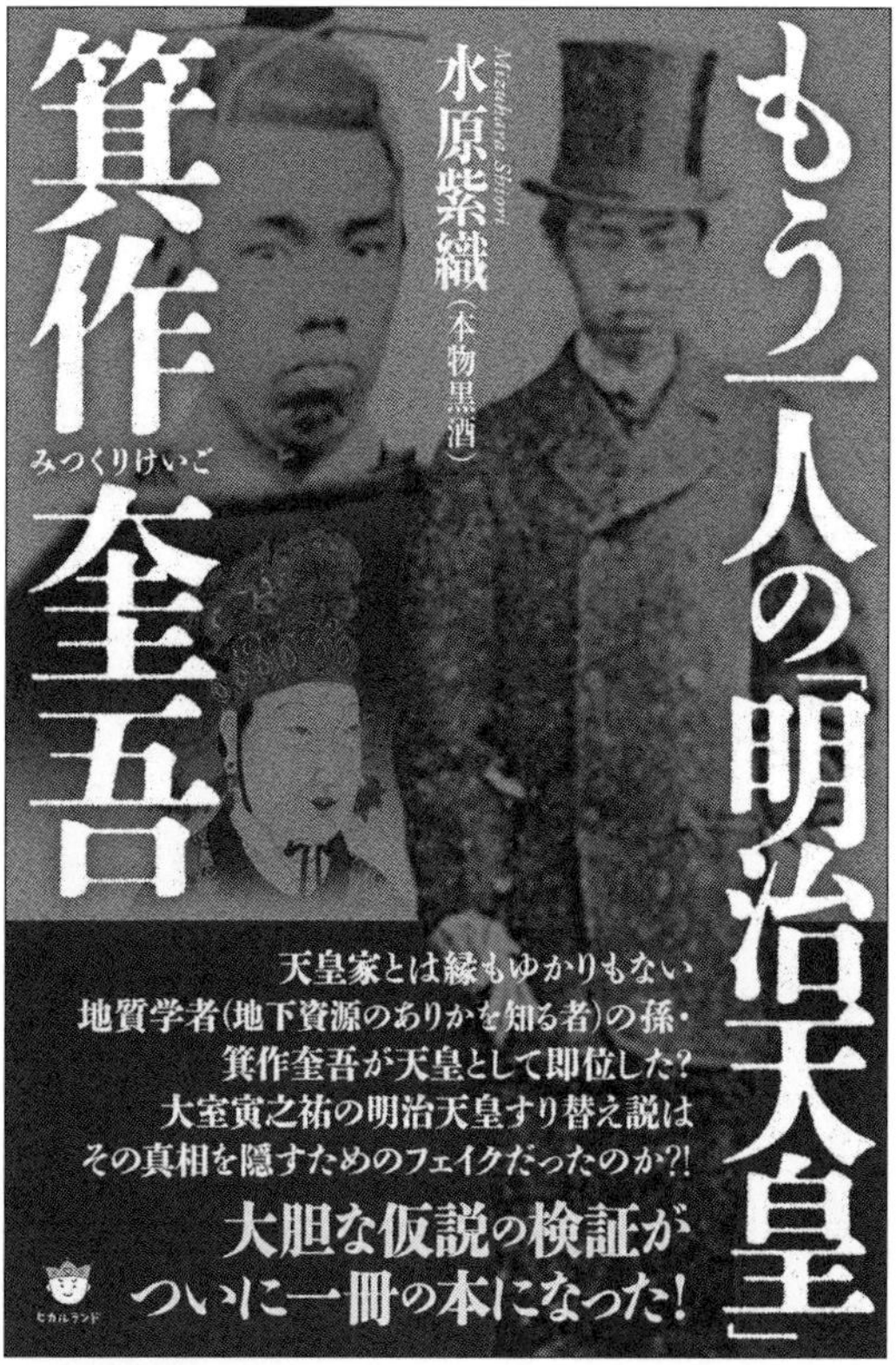

もう一人の「明治天皇」
箕作奎吾（みつくりけいご）
著者：水原紫織（本物黒酒）
四六ハード　本体2,200円+税

水原紫織　みずはら しおり
ツイッターアカウント：本物黒酒（ほんものくろき）
日本生まれの藝術家
○絵画（雅号：性、水原紫織）
1987年、電通アドギャラリーにて個展、コニカ株式会社（現・コニカミノルタ株式会社）CI変更イベントのポスターデザイン
1988〜1989年、朝日新聞家庭欄にてイラスト連載
1989年、伊勢丹新宿店ファインアートサロンにて個展
1990〜1999年、東京スポーツ（中京スポーツ・大阪スポーツ・九州スポーツを含む）にて春画連載
○音楽（雅号：性）
2007年、組曲『日本の四季』を山本邦山等と共作し、東京藝術大学120周年記念コンサート「ジャズin藝大 邦楽転生」他で演奏される

特攻兵器「原爆」

第一刷　2021年7月31日

著者　水原紫織

発行人　石井健資

発行所　株式会社ヒカルランド
〒162-0821　東京都新宿区津久戸町3-11　TH1ビル6F
電話　03-6265-0852　ファックス　03-6265-0853
http://www.hikaruland.co.jp　info@hikaruland.co.jp

振替　00180-8-496587

本文・カバー・製本　中央精版印刷株式会社

DTP　株式会社キャップス

編集担当　TakeCO

ISBN978-4-86471-582-9

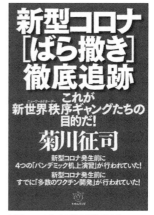

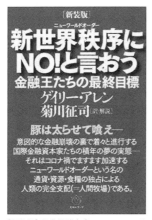

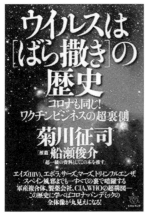

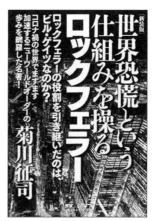

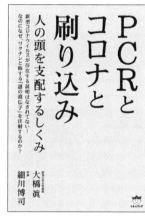

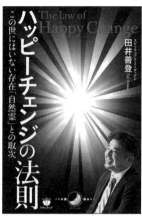

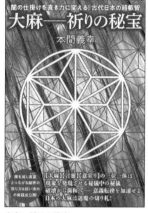

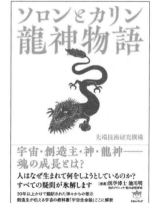